国際バカロレア 教育研究の最前線

実践・研究から見えてきた現状と展望

川口純・赤塚祐哉・菅井篤

[編著]

学文社

◆執筆者一覧◆

木村　光宏	岡山理科大学専任講師	第1章，第4章，第11章
原　　和久	都留文科大学教授	第2章
＊川口　　純	慶應義塾大学准教授	第3章
江幡　知佳	大学入試センター助教	第3章，第4章
御手洗明佳	淑徳大学准教授	第4章
松本　暢平	千葉大学助教	第4章
齊藤　貴浩	大阪大学教授	第4章
＊菅井　　篤	静岡福祉大学助教	第4章，第9章
菊地かおり	筑波大学助教	第4章
江里口歡人	早稲田大学非常勤講師	第5章
山本　純慈	東京農業大学第一高等学校中等部非常勤講師	第5章
竹内　正興	香川大学教授	第6章
花井　　渉	九州大学准教授	第7章
ダッタ・シャミ	岡山理科大学教授	第8章
木之下（田中）理紗	かえつ有明中学校・高等学校教諭	第8章
＊赤塚　祐哉	相模女子大学専任講師	第10章
中和　　渚	関東学院大学准教授	第11章

（執筆順，＊は編著）

はじめに

　本書は，日本国際バカロレア教育学会に所属する会員が発表した論文に，最新の国際バカロレア教育研究に関する動向や知見を踏まえ，加筆・修正を行い集成した著書である。日本国内におけるIB教育研究の最前線となる本書は，「国際教育としてのIB教育受容」「高等学校・大学間の教育接続―学習観と大学入試に着目して―」「各教科に焦点を当てた教育方法」の３部構成とし，IB教育研究の重要な研究成果を集録している。

　近年，学び手の主体性を重視し，児童・生徒が能動的に学習することが求められ，学校教育における学力観そのものが大きく変容した。1990年代以降，多くの国では，これまでの学力に関する見方を革新するという立場から，新たな能力を提起する取り組みが行われてきた。既存の知識を暗記するだけでなく，いかに新たな知識を創造したり，知識を実生活・実社会で活用したりするか，といった横断的総合的な諸能力が，この新しい学力観の概念に共通する特徴として挙げられる。

　日本でも，2000年代初頭以降，同様の教育改革が進み，現行学習指導要領では「知識・技能」「思考力・判断力・表現力等」「学びに向かう力，人間性等」の三本柱に基づき児童・生徒の「資質・能力」の育成が謳われるようになった。これまでの学力観に対する見直しが行われる中で，学校教育においては，教科を越えたテーマに基づいた教科横断型の総合的で探究的な学びが導入された。例えば2022年度からは「総合的な探究の時間」が高等学校のカリキュラムで導入され，横断的・総合的な学びを創造する学び手による対話や協働が重視されるに至った。

　昨今の教育潮流では，児童・生徒が自ら問いを立て，主体的に学ぶ姿勢を育む探究型学習が重視され，能動的な学習を通して問題解決能力や創造性を育むことへの期待が高まっている。そのため，知識の総量を測ることを重視した評

価が見直され，ポートフォリオやプレゼンテーションといった評価手法を取り入れ，児童・生徒の総合的な能力を評価する試みが導入されてきた。

　この一連の教育改革の文脈から，「自分と異なる考えの人々にもそれぞれの正しさがあり得ると認める」ことで学習者同士が共感し合い，児童・生徒が横断的に学び続けていけるように働きかけていくことを使命とする国際バカロレア（International Baccalaureate : IB）教育が注目され始めた。具体的には，IB認定校等を200校に増加させる数値目標が2013年に閣議決定され，2023年9月30日時点では216校（認定校：162校，候補校：54校）に達し，200校という数値目標の達成がなされた。

　2017年4月段階ではIB認定校等は，現在の半分以下である103校（認定校：66校，候補校：37校）であった。しかし，IB認定校等の増加は目まぐるしく，およそ6年半で，日本国内のIB認定校等は2倍以上に増加した。2013年から2023年までのIB認定校等が急増した10年間は，いわば日本におけるIB教育の導入期と言える。日本における教育そのものを見直す起爆剤として期待されていたと言っても過言ではない。

　ところが，導入期であるがゆえに，日本でIB教育がいかに受容されているのか，またIB教育の効果はどの程度確認できるのか，といった質的・量的な実証研究は十分に為されてこなかった。もちろん，IB教育の効果はこれまで海外の研究で一定程度，明らかにされている。例えば，オックスフォード大学の研究チームによって2020年に実施された調査では，IBの高等学校段階におけるプログラムが，批判的思考育成に有意であることが明らかになっている。

　IB教育は国境を越えたカリキュラム設計がなされた教育プログラムである。他方，一条校へのIB教育の導入にあたっては，日本が創り上げてきた教育文化との融合も欠かせない。日本における近代の学校教育制度は明治5年の「学制」発布に始まり，約150年間の積み重ねがある。長い歴史の中で，学校教育における普遍を維持しつつ，時代の潮流に合わせて姿を変えていったものもある。世界規模で展開されているIB教育を，日本で育まれた教育文化と融合させることが必要であろう。そのためには，学校教育で行われてきた実践等を踏まえながら，教育学領域をはじめとした研究の知見を取り入れながら，批判的

にIB教育の在り方を検討していくことが不可欠である。私たち編者らは，IB教育の批判的検討を行うことが，結果として日本の教育をより豊かなものにしてくれると考えている。

　編者らは，IB教育の導入は拡大したものの，学校現場において未だIB教育の表層的な理解に留まっている場面を多く見てきた。具体的には，IB教育の教育方法を援用した授業実践等が一部で行われているものの，教育方法の学術的な背景までは十分に理解されないまま実践が行われている現状等である。換言すれば，IB教育の表層的なエッセンスだけが切り取られ，IB教育の教育方法さえ取り入れれば，学習者のコンピテンシーが育まれると解釈されている現状である。

　IB教育で採用されている方法論は万能ではない。ゆえに，IB教育で採用されている方法論が，日本の学校教育の文脈で十分に機能するかどうかは研究途上である。IB教育は近代西洋を発祥とし，国を越えた枠組みで制度設計されているために，各国の文脈で十分に機能するかは緻密な検証が不可欠なのである。無批判に受け入れるのではなく，日本の教育知見も重視しながら，弁証法的に受容していくことも重要である。そのため，本書では，IB教育の導入期である10年間を改めて振り返り，日本のIB教育の内実について，学術的な考察を試みる。

　そこで本書では，第Ⅰ部で「国際教育としてのIB教育受容」というテーマでIB教育の受容実態の解明を試みていく。第Ⅱ部では「高等学校・大学間の教育接続―学習観と大学入試に着目して―」というテーマで国内におけるIB教育の位置づけを探索する。第Ⅲ部では「各教科に焦点を当てた教育方法」というテーマで，各学校での各教科・科目における教育方法について，理論と実践の両面から批判的探究を行う。そして全体を通して今後のIB教育の展望を具体的に論じていく。

　最後に，IB教育研究の面白みは学際的であることである。日本で導入が拡大しているIB教育という「現象」に焦点を当て，教育学，社会学，認知心理学，言語学等といった複数の専門領域の知見から，批判的探究を行っている点が本書の独自性である。IB教育は対象とする学び手の範囲が広いことでも知られ

はじめに

ているため，必然的に本書が対象とする読者層の範囲も広いことが想定される。例えば，研究者や現役の教員に留まらず，教育行政関係者や教員になろうとする学部学生や大学院生，IB教育に興味をもつ保護者も対象に含まれるであろう。本書が読者の皆様にとって新たな知見を提供する一端を担えることができれば幸甚である。

編者一同

目　次

はじめに　i

第Ⅰ部　国際教育としての IB 教育受容

第1章　発達段階に応じた国際的視野育成の状況
――PYP・MYP・DP の指導用資料の内容分析を基に

（木村光宏）…………………………………………………………… 2

1. 研究背景　2／2. 国際的視野を扱った先行研究　3／3. 研究方法　7／4. 分析と考察　7／5. 結語　18

第2章　国際バカロレア導入に伴う教授観の変化
―― ニュージーランドの教員による「語り」に着目して

（原　和久）………………………………………………………… 21

1. 問題意識と先行研究　21／2. ニュージーランドにおけるケーススタディ　23／3. 調査結果の概要（IB 教員の「語り」にみる教授観の認識変化）　24／4. 結論　33

第3章　日本における国際バカロレア教育の受容実態に関する一考察
―― ディプロマプログラム（DP）に着目して

（川口　純，江幡知佳）…………………………………………… 36

1. はじめに　36／2. 調査手法　37／3. 調査結果，考察　39／4. おわりに　45

第4章　国際バカロレア・ディプロマプログラム（IBDP）初年度生の学びの実態――高校での学習経験，放課後の学習時間，コンピテンシーに焦点を当てて

（御手洗明佳，松本暢平，江幡知佳，齊藤貴浩，菅井篤，木村光宏，菊地かおり）…………………………………………………… 48

1. IB 履修生の学びの実態とは　48／2. IB の教育効果研究の整理　49

／3. 調査概要と倫理的配慮　52／4. 調査概要　54／5. IB 認定校に
通う DP 生と non-DP 生の学びの実態とは　59／6. 調査結果からみえ
てきた DP 初年度生の傾向と今後の課題　60

第Ⅱ部　高等学校・大学間の教育接続―学習観と大学入試に着目して―

第5章　国際バカロレア・ディプロマプログラムの前提にある知識や
学習に対する考え方が高大接続に示唆するもの
（江里口歓人，山本純慈）………………………………………… 66
1. はじめに　66／2. DP 生の学習経験と日本の大学の対応性　67／
3. DP 生が直面する葛藤　69／4. DP 生がもつ知識や学習に対する考
え方による葛藤から考える今後推進すべき高大接続に関する研究　74／
5. おわりに　79

第6章　日本の IB 教育と大学入試への接続―成果と課題
（竹内正興）………………………………………………………… 83
1. 大学から見た IB 教育の魅力　83／2. 日本国内の大学入試における
IB 枠導入の意義と現状　86／3. IB 生受け入れの成果と見えてきた課
題　94

第7章　日本の高大接続改革と国際バカロレアを活用した大学入学者選抜の現在
（花井　渉）………………………………………………………… 99
1. はじめに　99／2. 日本の高大接続改革と国際バカロレア（IB）
100／3. 日本における国際バカロレア入試の現況　106／4. おわりに　113

第Ⅲ部　各教科に焦点を当てた教育方法

第8章　IBDP の TOK の趣旨を踏まえた授業実践は学習指導要領の
「主体的・対話的で深い学び」の実践につながるか？
（ダッタ・シャミ，木之下（田中）理紗）…………………………118
1. 研究の背景と目的　118／2. 研究の方法　121／3. 研究の成果

123／4. 考察　136／5. まとめと課題　137

第9章　小学校における初等教育プログラム（PYP）の受容実態と実践展開

（菅井　篤）……………………………………………………………141

1. 日本における初等教育プログラム（PYP）認定校の教育課程の特徴　141／2. PYPとしての教育方法論　144／3. PYPの実践展開　148

第10章　高校生英語学習者を対象とした批判的思考指導モデルの検討
——IBDPの批判的思考指導に係る教育理論に着目して

（赤塚祐哉）……………………………………………………………160

1. 背景および問題の所在　160／2. IBディプロマプログラムと批判的思考指導に係る学習理論　161／3. IBディプロマプログラム「言語B（英語）」における批判的思考指導　163／4. 「言語B（英語）」履修者の英語熟達度　166／5. 単元の指導計画における「本時の展開」の検討　167／6. 国内の英語科教育における指導方法の課題と対応　168／7. 単元の指導計画における「本時の展開」の検討　170／8. まとめと今後の課題　174

第11章　日本の公立高校における国際バカロレア数学教育の受容の実態，研究課題，今後の展開

（中和　渚，木村光宏）………………………………………………178

1. はじめに　178／2. 先行研究　179／3. 先行研究におけるIBの可能性と課題　180／4. 課題を踏まえた今後の可能性や研究課題　193

おわりに　197
用語集　201

第 I 部

国際教育としての
IB 教育受容

第 I 部では，日本における IB 教育受容の実態を整理し，教員の変容と子どもたちの学ぶ姿勢への影響について，IB 教育が学校現場にもたらしている影響を確認していく。

第 1 章では，各 IB プログラム (PYP, MYP, DP) における児童・生徒の国際的視野の育成について，その特徴を把捉する。

第 2 章では，公立・私立校ともに IB プログラム導入の進展が目覚ましいニュージーランドを事例に，IB プログラム導入が教授法にいかなる影響を与えたのかを実証的に捉え，円滑な IB プログラム導入のための課題を明らかにする。

第 3 章では，DP の導入過程に着目し，IB 教員の視点から学校教育へ DP を導入する際の具体的な課題を整理し，公教育として日本で受容される IB 教育の在り方について議論する。

第 4 章では，日本の DP 履修生を対象に行った実際の調査データに基づき，IB 履修生の学校内外での学習の具体とコンピテンシーの育成状況を比較検討する。

第1章

発達段階に応じた国際的視野育成の状況
——PYP・MYP・DP の指導用資料の内容分析を基に

> キーワード：国際的視野，国際バカロレア，ディプロマプログラム，
> 日本語 DP

1. 研究背景

　IB プログラムのねらいは，地球をともに守る責任を認識した国際的視野をもった人間の育成であり，ねらいの中心に「国際的な視野をもつ」ことが掲げられている（国際バカロレア機構，2019）。

　IB の国際的視野の定義について，Sriprakash et al. (2014) は国際的視野の定義は難しく，複数の方法で解釈できるものとしている。Hacking et al. (2016) は，国際的視野の定義については，プロセスまたは体験であり，このプロセスは固定された定義よりも重要であると述べ，国際的視野を「異文化理解」「グローバルな活動」「多言語主義」に関連する包括的な概念としている。これらのことから，国際的視野には明確な定義はなく，複数の方法やプロセスに着目して捉える概念であるといえる。

　「国際的視野を育てるための教育」が初めて提唱されたのが，2000 年の国際教育の説明の記事の中であることから (Haywood, 2007)，国際的視野は日本で実践されている国際教育とも関連が認められるといえる。国際教育の実践について，2017 年に改訂された日本の学習指導要領では，「広く様々な国や地域を視野に入れ，外国の生活や文化を体験し慣れ親しむことや，衣食住といった日常生活の視点から，日本との文化の違いやその背景について調査したり追究したりすることが重要である」（文部科学省，2017）ことが「総合的な学習の時間」

の解説で説明され，国際教育の具体的な事例が示されている。

　一方で，単に外国語を学習することであると短絡的に考えるべきでないことや（文部科学省，2017），「外国人，外国文化という要素が入らないと行けない」と考えるものが多数派（植木，2008）などの指摘のように，国際教育の捉え方の違いによる事例も挙げられている。これらのことより，日本の国際教育も国際的視野と同じように定義が定まらず，広い概念で捉えられているという状況が読み取れる。IB の国際的視野について検討することは，日本で広がる IB による国際教育の内実にせまると同時に，日本の国際教育をどのように捉えるかを検討する上で示唆が得られると考えられる。

　以上を踏まえて，本章では①先行研究から IB の国際的視野を捉える枠組みについて議論をまとめ，②国際的視野の育成はどのように学習者の発達段階と対応づけられているかについて検討を行うことを目的とする。

2.　国際的視野を扱った先行研究

(1) 日本における IB の国際的視野に関する先行研究

　日本国内でも国際的視野が何を示すのかという研究が行われており，木村ら（2022）は国内の IB 認定校 3 校で調査を行い，IB 履修者の国際的視野に関する記述回答の分類の結果から，知識・価値観・スキルの中で知識に関する記述が最も多かったということを報告している。さらに IB 履修の有無による比較から，IB 履修者の国際的視野に関する記述の特徴として「社会科的な学び」「批判的思考」「他者への共感の態度」の 3 つを挙げた。

　このような先行研究があるものの，国際的視野の評価は十分に研究されていない領域であり，国際的志向性を評価するために使用される手段は限られている。

　したがって本稿では，国際的視野がどのように育成されるかについて知るために，それぞれの発達段階における児童生徒に対して，IB はどのような国際的視野を育成しようとしているかについて検討することとする。

（2）IB における国際的視野と国際的視野を捉える枠組み

　IB の国際的視野について，国際バカロレアのすべてのプログラムの理念や
ねらいが示された「国際バカロレア（IB）の教育とは」は，「国際的な視野とは，
多面性のある概念で，世界に対して心を開き，また人間というのは互いに深く
つながった存在なのだと認識するような考え方，あり方，行動を指す」と説明
している（国際バカロレア機構, 2019, p.2）。この中でIB は，「教育を通してよ
り良い世界を築く」という目標を掲げ，IB 教育で探究する 4 つの要素（1. 国
際的な視野　2.「IB の学習者像」　3. 幅広く，バランスのとれた，概念的で，相互
につながりのあるカリキュラム　4.「指導のアプローチ」と「学習のアプローチ」）
を提示している（国際バカロレア機構, 2019, p.2）。4 つの要素の中に「国際的
な視野」が示され，IB の教育理念の視点からも国際的視野が重視されている
といえる。さらに，国際バカロレア機構（2019, p.2）は，ねらいの中心にある
のが「国際的な視野をもつ」ということとし，「国際的な視野」をもつ人の説
明として，①人類に共通する人間らしさと②地球を共に守る責任を認識した人
を挙げている。

　Singh & Qi（2013）は，5 つの側面（Global-Mindedness, Global Perspective In-

表 1.1　国際的視野の観点とその内容

国際的視野の観点	内　　容
1 異文化理解 Intercultural understanding	異文化理解には，自分の視点だけでなく，他者の視点も認識し，反映させることが必要である。異文化理解力のある人は，人間の共通性，多様性，相互関係を探究する。
2 グローバル エンゲージメント Global engagement	グローバル・エンゲージメントとは，教室内外で人類の最大の課題に取り組むことを意味する。生徒と教師は，環境，開発，紛争，権利，協力，統治など，発達段階に応じた地球規模の問題や地域の問題を探究することが奨励される。グローバルに活動する人々は，権力と特権を批判的に検討し，地球とその資源を将来の世代のために受け継ぐことを認識する。
3 多言語主義 Multilingualism	多言語主義とは，2 つ以上の言語を話すことを意味する。これは，言語が人々の歴史や経験とつながることで，個人が異文化の視点を理解するのに役立つという考えに基づいている。

出所：Singh & Qi（2013）より作成。

ventory, Global Citizenship Scale, Cultural Intelligence Scale, Global Competence Aptitude Assessment）から IB の国際的視野に関連する枠組みの検討を行った。その中で,「異文化理解は国際的視野の中心であることに変わりはなく,グローバル・エンゲージメントと多言語主義は異文化理解の中核的要素への道筋となる」と述べ（Singh & Qi, 2013, p.15),「異文化理解」「グローバル・エンゲージメント」「多言語主義」を表 1.1 のとおり国際的視野の観点として組み込んでいる。

　グローバル・エンゲージメントの手法は異文化理解を「促進」し,多言語主義（他の言語を学ぶこと）は,彼らの異文化理解を「強化」するとされ,国際バカロレアでは,異文化理解が中心的な要素であり,グローバル・エンゲージメントとマルチリンガリズムは異文化理解の中核をなす要素への道筋である（Singh & Qi, 2013)。

　さらに Singh & Qi (2013) は,国際的視野を身につけるための足場づくりについて図 1.1 のモデル使って表している。

　図 1.1 では国際的視野を身につけるために,知識,意識,対応,行動の 4 つの段階に分類している。このモデルは行動に向けて国際的視野の段階が深化していることを表し,Hett (1993) の枠組みの自己効力感においては行動するこ

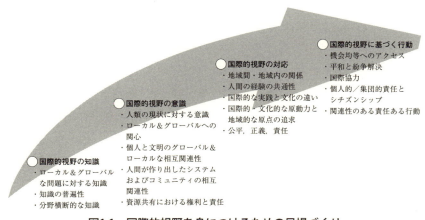

図1.1　国際的視野を身につけるための足場づくり

出所：Singh & Qi（2013）より作成。

第 1 章　発達段階に応じた国際的視野育成の状況

表 1.2　Metli & Lane（2020）の国際的視野を育成するための観点

国際的視野の観点	内　容
1 知識 （knowledge）	持続可能性と環境問題，人権と社会的不公正の問題，グローバルな相互依存の正と負の影響，言語，文化，多様性の重要性と意味についての知識
2 スキル （skills）	情報に基づいた行動，批判的思考，様々な言語でのコミュニケーション，問題解決，協力と紛争解決，不正に挑戦する能力など
3 態度 （dispositions）	IB 学習者プロファイルの属性：探究する人，考える人，思いやりのある人，心を開く人，信念を持つ人，振り返りができる人，知識のある人，コミュニケーションが取れる人，挑戦する人，バランスのとれた人
4 主体性 （agency）	自己効力感，自信，忍耐力，コミットメント，目標設定，自己規制，内発的動機づけ

出所：Metli & Lane（2020）より作成。

とが挙げられ，行動するという点で共通点が読み取れる。

　さらに，Metli & Lane（2020）は Singh & Qi（2013）のモデルを改良して知識（knowledge），スキル（skills），態度（dispositions），主体性（agency）の 4 観点を通して，異文化間コンピテンス（International competence）や国際貢献（Global engagement）の育成につながり，国際的視野を身につけることになるとしている（表 1.2）。

　Metli & Lane（2020）は上記 4 観点の育成が国際的視野の育成につながるとしている。この枠組みで特徴的な点が，Singh & Qi（2013）と比べると態度面や自信・忍耐力などの非認知的スキルが含まれるようになったことから，より全人的に国際的視野を捉えることができるという意味で IB とも親和性がある枠組みであると考えられる。

　以上のとおり，国際的視野を捉える枠組みは時代に応じて変化してきていることを踏まえ，本稿では，Metli & Lane（2020）の枠組みを使って，PYP，MYP，DP の指導用資料における国際的視野を捉え，それぞれの発達段階における特徴を考察することとした。

3. 研究方法

(1) 使用する資料と分析の方法

　本章では PYP の国際的視野の分析に「PYP のつくり方：初等教育のための国際教育カリキュラムの枠組み」（国際バカロレア機構，2020），MYP の国際的視野の分析に「MYP：原則から実践へ」（国際バカロレア機構，2021），DP の国際的視野の分析に「DP：原則から実践へ」（国際バカロレア機構，2020）を使用することとした。

　PYP，MYP，DP における国際的視野について示された箇所を分析し，それぞれの発達段階においてどのような側面が重視されているかを，先行研究で示した枠組みの考え方を踏まえて考察する。

(2) 資料分析の枠組み

　本研究では，Berelson（1957）の述べる内容分析（コンテント・アナリシス）の手法を用いた。内容分析の定義について「テキストにおけるある特定の特徴を，体系的に表明されたコミュニケーション内容を客観的，体系的，かつ数量的に記述する」としており（Stone, 1966, p.484），教育内容を示した文書の分析にも応用されている（Malekipour et al., 2018）。内容分析の手順について Berelson（1957, p.50）は，「記述全体を文脈単位，1 内容を 1 項目として含むセンテンスを記録単位とし，個々の記録単位を意味内容の類似性に基づき分類・命名する」とし，意味内容の類似性などからまとまり（カテゴリー）を作り，考察していくという流れを示している。本稿ではカテゴリーごとに結果を示し，注目した部分に下線を引き分析および考察を行うこととした。

4. 分析と考察

(1) PYP における国際的視野に関する記述の分析と考察

1) PYP の国際的視野の分析結果

　Berelson（1952）の内容分析を用いて，4 つのカテゴリーに分類したところ，

第 1 章　発達段階に応じた国際的視野育成の状況

分節とその数は，PYP の使命 (5)，国際的視野の定義 (10)，学習者像とのつながり (8)，カリキュラムとのつながり (3)，国際的視野育成の手立て (8)，学習者の姿勢奨励と意欲喚起 (20)，IB 教育の理想 (8) となった。

【PYP の使命】

　PYP の使命について，国際的視野と関連づけながら以下の通り記載されている (p.3)。

「国際的な視野」をより明確な言葉で定義づける試みと，実践を通じてその理想に近づけようとする努力を，PYP 校の使命の中心として位置づけています。

　このことから，国際的視野に関してより明確に定義を示す試みを経て，実践と関連づけようとしていることが読み取れる。

【国際的視野の定義】

　国際的視野の定義について，以下のように述べられている (p.4)。

「IB の学習者像」は，PYP における国際的な視野とは何なのかを定義する中心となるもので，学校が教育に集中するための方向性を与えるものです。……（中略）……国際的な視野をもった人とはどんな人でしょう。これは，「IB の学習者像」に示された人物像を携えた人のことです。

　国際的視野とは何かを定義する中心となるのが「IB の学習者像」であるとされ，「IB の学習者像」を踏まえた教育が国際的視野につながると読み取ることができる。さらに，「IB の学習者像」を携えた人が国際的視野をもった人と述べている。また，以下のように身につけさせるべき国際的視野の一側面に PYP 卒業生を挙げ，国際的視野と IB の学習者像との関連を述べている (p.4)。

PYP の本質的な部分として，ある 1 つの側面が浮かび上がってきたことも事実です。それは，我々が「こうあって欲しい」と望む PYP の卒業生の姿です。自分の価値観の構築に奮闘しながらも，やがて発展し花開く自らの国際的な視野の土台をしっかりとつくることのできる児童です。このような児童の特質は「IB の学習者像」として提示されています。

第 I 部　国際教育としての IB 教育受容

この文章から，自分の価値観を構築しながら国際的視野の土台をつくる児童の育成をしようとしていることが読み取れる。PYP では国際的視野の土台づくりが主眼となっており，IB の学習者像で示した特質を身につけることが期待されている。

【学習者像とのつながり】

「IB の学習者像」と国際教育の関係については以下のように述べられている（p.4）。

> IB は，「IB の学習者像」が特定の価値観に基づいたものであることを認識しており……（中略）……IB が信じている国際教育のあり方を体現したものです。……（中略）……学校は，すべての児童に対して，「IB の学習者像」に示された人物像の発展における進度状況を評価し，報告する義務を負います。

IB の学習者像は IB の考える国際教育を体現したものである。また，「IB の学習者像」の発展について，評価し報告するなど IB の学習者像を強く意識するプログラムであるといえる。

【カリキュラムとのつながり】

学習者像とカリキュラムのつながりについて，以下のように述べられている（p.6）。

> 「カリキュラム」をこなしていくだけでこの「学習者像」の実現が成し遂げられることはありません。「学習者像」には信念や価値観が具体的に表現されています。その信念や価値観を原動力として機能するカリキュラム内のさまざまな要素は，一つ一つがプログラム全体の成功に寄与する要因であり，それらすべての要素に「学習者像」の実現はかかっているのです。

カリキュラムをこなすだけでなく，児童の信念や価値観を踏まえ，学習者同士の議論により知識を構成していくような学びを求めていることがわかる。

【国際的視野育成の手立て】

国際的視野を育成するために，教師が新しい教育方法を学び続けることが求められていることについて以下に示されている（p.6）。

第 1 章　発達段階に応じた国際的視野育成の状況

> PYP では，学校を「学び合う者たちのコミュニティー」と定義しています。……（中略）……教師は生涯学び続ける必要があり……（中略）……学校が，効果的で継続的な教員研修を責任をもって行うことこそが，児童の学習向上のために<u>変化を受け入れる勇気と実行力をもった学校</u>であるという証明になります。

　学校は教員が新しい教育手法を学び続けることを IB は促進し，学校は変化を受け入れる体制をもつことが求められる。また，学校の使命と IB の使命の関係について以下の通り記載されている（p.6）。

> PYP 校では，「自校の使命」が，「IB の使命」と調和している必要があり，これは「学習者像」とともに，学校のコミュニティーに活気をもたらし，「指導」と「学習」のどちらにも著しい影響を及ぼします。PYP では，国際教育とは何か，という理念的観点を学校へ提供するだけではなく，基本要素を織り込んだカリキュラムの枠組みを規定しています。基本要素とは，知識，概念，スキル，姿勢，および行動で，これらは「学習者像」に反映されており，学校カリキュラムを作成する際の参考となるものです。

　学校独自の使命と IB の使命が調和する必要があることが示され，国際的視野についても学校独自の使命を踏まえたものを設定する必要があり，学校ごとの国際的視野の発展も期待される。さらに，「学習者像」に関連づけられた「知識，概念，スキル，姿勢，および行動の基本要素を織り込んだ枠組み」が学校のカリキュラム策定の参考になることが示されている。

【学習者の姿勢奨励と意欲喚起】

　先述した基本要素の中では，特定の姿勢が奨励され，それを学習につなげる方法が以下のように示されている（p.6）。

> 基本要素の 1 つに，<u>いくつかの特定の姿勢を奨励する</u>というものがあります。この姿勢とは，<u>感謝，根気，自信，協調，創意工夫，好奇心，共感，熱意，主体性，誠実，尊重，および寛容</u>と表現されます。……（中略）……児童自身が自分の周りの世界において価値ある姿勢とされているものを認識すること，そして自分でそれらの姿勢をはっきりと表現できるようになることが，「学習者像」の考え方に沿った成長へとつながっていくと考えられています。……（中略）……児童が必要としている多様なニーズを教師が認識し，それに応える努力をすることを通して，児童の意欲を喚起し，関連性があり，チャレンジに満ちた，意味のある学習を実

施していきます。

　PYP では学習者像とは別に姿勢が提示され，好奇心や熱意といった情意的側面や主体性や寛容といった非認知的スキルが重視されているといえる。また，姿勢をはっきり表現できるようになることが学習者像の考え方に沿った成長につながり，学習者像が国際的視野の定義の中心であることを踏まえると，姿勢と国際的視野の関連も認められる。また，児童のニーズに応えることで意欲を喚起することも特徴的といえ，Metli & Lane（2020）の国際的視野の枠組みの態度や主体性と関連する

【IB 教育の理想】

　国際的視野の育成は一般的な学校でも望ましいとし，国際的視野の証拠を確認するためには，「児童が何を学んでいるか」を把握し，「学校，家庭，社会のつながり」を見出す必要性が指摘されている（p.7）。

> 「学習者像」や，国際的な視野を身につけるために必要なその他の要素を見てみると，それはインターナショナルスクールにおいてだけでなく，国内の一般校においても望ましい要素であると思われるのではないでしょうか。……（中略）……PYP 校で「国際的な視野」の証拠を確認するためには，教師は児童が何を学び，その学びをどのように実践しているかという点に注目し，そして学校というコミュニティーの中でどのように彼らを育てていくことができるかということを考え続ける必要があるということです。教師は，児童が自分の「学校での生活」，「家庭での生活」，「社会での生活」の間に相互のつながりを見いだすことができているかどうかを確認する必要があります。これらのつながりの発見を手助けすることで，学習と人生が直結していることを児童が見いだすことができれば，将来の学習への確固たる礎を築くことができます。

　学校，家庭，社会の相互のつながりを見出すことで，学習と人生がつながっているということが，将来の学習の基礎となることが示されている。国際的視野の育成により，児童がこれらのつながりを見出すことが，学習内容だけでなく意欲の面でも学びの基礎となることが示されている。

第 1 章　発達段階に応じた国際的視野育成の状況

2) PYP における国際的視野の考察

　PYP では国際的視野を「言葉で定義すること」と「実践を理想に近づける」ということを重視し，PYP 使命の中心としている。そして，PYP では国際的視野の土台づくりに力点を置き，「IB の学習者像」を携えた人を，国際的視野をもつと考えている。つまり，「IB の学習者像」を目指す中で国際的視野が育成されるという相互関係があるといえる。国際的視野の獲得は PYP カリキュラムをこなすだけでは十分でなく，児童の信念や価値観を引き出し，発言を統合していくような学びによって実現するとされ，それらを活用した学習者中心の学びが国際的視野の獲得の原動力となるとされている。

　さらに，「学習者像」には基本要素が織り込まれており，その中では学習内容的な側面だけでなく，学習者の姿勢が含まれそれをはっきり表現できることが「学習者像」に沿った成長へと促し，国際的視野にもつながるとしている。また，児童の文脈での議論を通して意欲を喚起し，「学校，社会，家庭」のつながりから「学習と人生の関連」を見出させることに力点をおいている。これらのことは Metli & Lane（2020）の枠組みの態度や主体性の育成と関連し，「将来の学習の礎」となることが期待され，PYP における国際的視野に関連する記述の中でも特に強調されている点として捉えることができる。

　このように PYP における国際的視野は知識・スキル以外の面も重視され，態度や主体性の必要性について，さまざまな視点から議論がなされている。

(2) MYP における国際的視野に関する記述の分析と考察

1) MYP の国際的視野の分析結果

　記述の分析の結果，4 つのカテゴリーに分類され，分節とその数は，インターナショナルとグローバルの違い（6），グローバルな文脈の活用（6），多言語主義と多様な文化（6），グローバルな関わり（7），となった。

【インターナショナルとグローバルの違い】

　国際的視野については「国際的（インターナショナル）」と「地球規模的（グローバル）」の違いから議論がはじまっている（p.14）。

> IBプログラムは，急速に変化し，きわめて密につながり合った世界で，グローバルな文脈に基づく国際的な視野の育成を目指しています。「国際的（インターナショナル）」と「地球規模的（グローバル）」という言葉は，それぞれ世界を異なる視点から表現しています。

　国際的が国家に基づく見方を指すのに対し，地球規模的は地球を一つの全体とした見方を指すことを指摘し，IBは後者のグローバルな文脈に基づく国際的視野を育成すると述べている。

【グローバルな文脈の活用】

　MYPの学びの文脈について，地球を一つの全体と捉えた時にその世界自体を学びの文脈として捉えることができることを述べている（p.15）。

> 国際的な視野を育成する教育は，世界を「最大の学びの文脈」として捉える学習環境を築くことにかかっています。IB認定校は，真にグローバルな「学びのコミュニティー」を構築し，維持することのできるIBの理念と組織，カリキュラムの下で，教育の水準と実践を互いに共有しています。

　国際的視野の育成においては，世界自体が学びの文脈となることを述べている。また，IBが世界中に展開していること自体が，地球を一つの全体として同じカリキュラムで学ぶコミュニティーを形成しているということが述べられており，国際をどのように捉えるかということがMYPでは強調されている。さらに，グローバルな文脈を用いることの意義について以下のように述べている（p.15）。

> 学習設計と指導においてグローバルな文脈を用いることは，学習に意味づけをし関連性をもたせることによって生徒の助けとなり，それが生徒の関与を増やすことになります。

　生徒のグローバルな文脈における知識や経験を関連づけた学びは，生徒の意欲を刺激し，単元間・教科間での関連が増えることで生徒の学びの助けになることが期待できるとしている。

第1章　発達段階に応じた国際的視野育成の状況

【多言語主義と多様な文化】

　国際的視野に関連して，多言語主義や多様な文化の捉え方について記述が見られた（p.15）。

> IBでは，2言語以上で幅広いコミュニケーションの方法を学ぶことが多様な文化を理解するために欠かせない基盤であると捉えています。……（中略）……IBプログラムでは，多様な文化の理解を深めるために，異なる信念や，価値観，経験，表現方法，知るための方法（ways of knowing）を批判的に正しく理解する方法を身につけます。

　IBは幅広いコミュニケーションの方法を学ぶことが文化を理解する基盤となっていると認識し，さらに多様な文化の理解を深めるために批判的に正しく理解する方法を身につけるとしている。

【グローバルな関わり】

　先述した，グローバルな文脈を活用することで，以下のようにグローバルな関わりが生まれるとされている（p.15）。

> 「グローバルな関わり」とは，教室の内外で，人類が直面する大きな課題に取り組むことを指しています。……（中略）……グローバルな関わりをもつ人は，権力や特権について批判的に考察します。また，未来の世代のために地球とその資源が託されていることを自覚します。

　MYPでは人類が直面する大きな課題に取り組むことを促し，批判的な考察を促している。学習を通して未来の世代の地球とその資源について意識的になることが求められている。

2) MYPにおける国際的視野の考察

　MYPでは「国際的（インターナショナル）」と「地球規模的（グローバル）」の違いを述べながら，地球を一つの全体と捉えることを促しているといえる。このように2つの捉え方の違いについて意識的になることで，多面的・多角的な視点が生まれ，国際的とは何なのかということを再考する機会となっていると

いえる。PYP ではされていない議論であることから，生徒の発達段階を踏まえて MYP で扱われていると考えられる。また，グローバルな文脈については，学習を意味づける効果や学習内容を関連づけることから，単元・教科横断的な学習につながると考えることができる。さらに多言語，多様な文化，グローバルな関わりに関する探究では批判的に考察することが求められている。

　このように MYP における国際的視野は，学習者像との関連を前提としながらも，国際という言葉を捉え直す多面的・多角的な視点や課題や複雑な事象に対し，批判的に考察することが求められている。Metli & Lane（2020）の枠組みで考えると，PYP の国際的視野に比べスキルの重視が認められる。

(3) DP における国際的視野に関する記述の分析と考察

1) DP における国際的視野の分析結果

　記述の分析の結果，4 つのカテゴリーに分類され，分節とその数は，国際的視野をもつこと（7），DP の国際的視野育成，（11），学校コミュニティとの関わり（8），となった。

【国際的視野をもつこと】

　国際的視野と多様な文化の理解について以下のとおり記載されている（p.8）。

> 「国際的な視野をもつ」とは，世界や多様な文化に対し，開かれた態度で好奇心を示すことを意味します。多様な文化の理解には，他の人々のものの見方だけでなく，自分自身のものの見方を認識し，振り返ることが含まれます。

　国際的視野は開かれた態度や好奇心と結びつけられ，態度の側面と関連が見られる。また，自分自身のものの見方を意識するということから，MYP でも見られた多面的・多角的な視点を発展させ，自身の思考を認識するメタ認知的な側面が要求され，MYP の段階に比べ，より高次な批判的思考の活用が期待されていることが読み取れる。次に，国際的視野をもつこととその位置づけが以下のように説明されている（p.8）。

> 国際的な視野をもつことは，人間の行動や相互関係の複雑性，多様性，そして原

動力を深く理解することに関係しています。……（中略）……多様な文化の理解と協力はかつてないほど重視されており、「IBの使命」と「IBの学習者像」のまさに中核に位置づけられています。

　国際的視野をもつことが人間について深く理解することに関係していると述べられており、「IBの使命」と「IBの学習者像」の中核に位置づけられ、DPにおいても国際的視野が重要視されている状況を読み取ることができる。

【DPの国際的視野育成】

　各科目における国際的視野の育成とねらい、目標、内容、評価基準の関係について以下のように示されている（p.8）。

DPでは、各科目のねらい、目標、内容、そして評価規準が、国際的な視野を育成することを目指して設定されています。同時に、教師がそれぞれの地域に根ざした適切な形で科目を指導できるよう十分な選択肢を用意しています。

　DPの各科目の教育の中核をなす、ねらい、目標、内容、評価基準は国際的視野の育成を目指して設定され、国際的視野は教科指導においても重要な位置づけがされている事が読み取れる。さらに教科等（言語と文学、言語習得、個人と社会、理科、数学、芸術、コア）における指導事例が示されており、国際的視野の実践への足場づくりが意識されていることも確認できる。

【学校コミュニティーとの関わり】

　DPにおける国際的視野の意識は授業カリキュラムだけにとどまらず、その基礎や周辺においても以下のように反映されている（p.9）。

授業カリキュラムに力を注ぐだけでは十分ではありません。……（中略）……「学校コミュニティー全体を通じて国際的視野と「IBの学習者像」のすべての人物像を育成し奨励する」ことが掲げられています。……（中略）……授業方法やカリキュラムにとどまらず、学校環境やそれを支える体制および方針についての本質的な内容に踏み込んでいます。
　学校コミュニティー全体が、多様な文化の理解のための教育に関連した価値観や行動の規範とならなければなりません。広い意味での学校環境がそれを支えるものであれば、学校の設置環境が国際的であるか否かにかかわらず、国際的な視野の育成は達成可能です。

第Ⅰ部　国際教育としてのIB教育受容

国際的視野は，学校コミュニティー全体で育成・奨励するということから，学校内だけでなく学校に関わる地域，家庭などの学校外での学びも国際的視野の育成につながっている事が示されている。学校内においても学校の体制・方針などの本質的な内容にも国際的視野が踏み込んでおり，あらゆる手段や側面から国際的視野を育成するよう DP が設計されていることがわかる。さらに，学校の設置環境が国際的でなくとも，学校コミュニティ全体の支えがあればどの学校でも国際的視野の育成はできるように DP が設計されていることも示されている。最後に，国際的視野について以下のようにまとめている (p.9)。

> 国際的な視野とは，個人が身近な環境において，自分や他の人々に対してとる態度から始まっています。……（中略）……国際的な視野の育成は自己認識から始まり，その学校独自の，また地域的，国家的，文化的環境を網羅し，さらにより広いグローバルな観点の探究へと広がります。

　国際的視野は態度や自己認識から始まるということが述べられている。PYP でも述べられていた，姿勢や意欲が学習の基盤となるといことと関連していると捉えることができる。

2) DP における国際的視野の考察

　DP における国際的視野に関する記述は，PYP や MYP と比べても具体的な指導の内容の充実が確認された。あらゆる場面で国際的視野が意識され，またその哲学が張り巡らされており，実践にも繋げやすいように設計されている。

　批判的思考の側面から捉えると，MYP と DP ともに関連する記述が見られ，国際的視野と批判的思考の強い関連性がうかがえる。さらに，DP では批判的探究 (critical inquiry) や批判的思考 (critical thinking) という言葉が使用され，MYP の「批判的に考察 (think critically)」と比べると細分化されている状況が確認された。このことについて，DP の批判的思考では多面的・多角的な視点に加え，自分自身のものの見方を認識することが求められていることや，PYP や MYP と比べると批判的思考に基づく「行動」が意識されていることから，より高次な批判的思考が求められているといえる。

第 1 章　発達段階に応じた国際的視野育成の状況

DPの分析した箇所の特徴として挙げられるのが，各教科での実践について事例が示されている点である。各科目で国際的視野を関連づける視点が与えられており，すべての科目で国際的視野を踏まえた実践が奨励されている。このことは，生徒が社会科的な学びに国際的視野を見出す傾向にあることの指摘（木村ら，2022）や，短絡的に外国語学習を国際理解教育と結びつける課題（文部科学省，2017）に対し，具体的な解決策を提示している。

Metli & Lane（2020）の枠組みで考えると，国際的視野のまとめの箇所の記述より，態度や主体性が基礎になっていながらも，バランスよく知識・スキル・態度・主体性に関して記述されていることが確認された。

5. 結語

本章では，Metli & Lane（2020）の枠組みを活用し，国際的視野のPYP，MYP，DPそれぞれの特徴の把捉を試みた結果，以下が明らかになった。

第一に，PYPでは国際的視野の定義，学習者像やカリキュラムとのつながりが詳細に示され，特にMetli & Lane（2020）の枠組みの態度や主体性について「将来の学習の礎」として育成の重要性が述べられていた。DPでも態度や主体性が基礎になっているという記載があり，プログラム全体を通して態度や主体性が基礎となって学習を支えているといえる。

第二に，MYPでは多面的・多角的な視点や批判的に考察することなどのスキルの面が強調され，グローバルな関わりによって単元・教科横断的な学びによるアプローチにより学習内容をつなげることが意識されている。また，国際とは何かということを改めて問うような記述が見られ，PYPで培った国際的視野をメタ的に再考するなど，発達段階に合わせてより高次な思考力が国際的視野の育成に活用されている。

第三に，DPでは国際的視野を授業で具体化する手立てが各科目で示されるなど，Metli & Lane（2020）の枠組みの4観点がバランスよく示されているのが特徴といえる。また，MYPに比べ批判的思考で求められる内容がより高次になっていることも分析結果より明らかになった。

以上より Metli & Lane（2020）の枠組みによる分析を通して，国際的視野で強調されている点は IB プログラムの発達段階に応じて変化していることが指摘できる。

本研究の限界として，内容分析の箇所を絞っていることと，実際の生徒や教師の声を踏まえた国際的視野の把捉ができていないことが挙げられる。今後はカリキュラム，生徒，教師の相互関係より，国際的視野がどのように学習に影響しているかについて，内実を明らかにしていく必要がある。

〔木村光宏〕

文献

植木節子（2008）「教科における『国際理解教育』の可能性」『千葉大学教育学部研究紀要』56, 195-199.

木村光宏・菅井篤・江幡知佳・松本暢平・齊藤貴浩・菊地かおり・御手洗明佳（2022）「国際バカロレア経験者が考える「国際的視野」の特徴—テキストマイニングによる生徒記述の比較分析—」『国際バカロレア教育研究』6, 83-94.

国際バカロレア機構（2019）『国際バカロレア（IB の教育とは？）』国際バカロレア機構.

国際バカロレア機構（2020）『PYP のつくり方：初等教育のための国際教育カリキュラムの枠組み』国際バカロレア機構.

国際バカロレア機構（2020）『DP: 原則から実践へ』国際バカロレア機構.

国際バカロレア機構（2021）『MYP: 原則から実践へ』国際バカロレア機構.

文部科学省（2017）『小学校学習指導要領（平成 29 年告示）解説 総合的な学習の時間編』

文部科学省（2018）『高等学校学習指導要領（平成 30 年告示）』

文部科学省ホームページ（2022）「認定校・候補校」（https://ibconsortium.mext.go.jp/IB-japan/authorization/）（2022 年 1 月 24 日閲覧）

Barkley, E. F. (2010). *Student engagement techniques: A handbook for college professors. San Francisco*, CA: Jossey-Bass.

Berelson, B. (1952). *Content analysis in communication research*, Free Press.

Haywood, T. (2007). A Simple Typology of InternationalMindedness and its Implications for Education, in Hayden, M., Levy, J. & Thompson, J. (eds.), *The SAGE Handbook of Research in International Education*, London: SAGE Publications, 1 (1), 79-89.

Hacking, E. B., Blackmore, C., Bullock, K., Bunnell, T., Donnelly, M. & Martin, S. (2016). The International Mindedness Journey: School Practices for Developing and Assessing International Mindedness Across the IB Continuum. Department of Education, UK: University of Bath.

Hett, E. J. (1993). The development of an instrument to measure global mindedness. Doctoral dissertation, University of San Diego.

Metli, A., Martin, R. A. and Lane, J. F. (2019). Forms of support for and challenges to developing internationalmindedness: A comparative case study within a national and an international school in Turkey. *Compare: A Journal of Comparative and International Education*, 49(6), 983-1001.

Metli, A. and Lane, J. F. (2020). International Mindedness: A Revised Conceptual Framework. *Journal of Research in International Education*, 19(3), 202-219.

Malekipour, A., Hakimzadeh, R., Dehghani, M. & Zali, M. (2018). Content Analysis of Curriculum Syllabus for the Educational Technology Discipline Based on Entrepreneurial Competencies. *Interdisciplinary Journal of Virtual Learning in Medical Sciences*. Doi: 10.5812/ijvlms.62156.

Singh, M. & Qi, J. (2013). 21st Century International Mindedness: An Exploratory Study of Its Conceptualization and Assessment. Parramatta, NSW, Australia: Centre for Educational Research, Western Sydney University.

Stone, P. J. (1966). *The general inquirer: A computer approach to Content Analysis*. MIT Press. Cambridge.

Sriprakash, A., Singh, M. & Qi, J. (2014). A comparative study of international mindedness in the IB Diploma Programme in Australia, China and India. IB Organization.

第2章

国際バカロレア導入に伴う教授観の変化
——ニュージーランドの教員による「語り」に着目して

> キーワード：国際バカロレア，グローバル人材育成，教授観の変容，教育改善，教育プログラムの導入

1. 問題意識と先行研究

　新しい教育プログラムの導入を伴う教育改革の多くが表面的な変化に終始し，本質的な変化をもたらしていないという調査結果は，教育改革の研究者からよく報告されるところである。例えば，Fullan (2007) は，管理職をはじめとする改革のリーダーたちが，実際に教室で児童・生徒に接する教員たちと改革の意味や必要性を共有することの重要性を十分に理解していないこと，また教員たちを改革のプロセスに巻き込んでいないことが，改革が上手くいかない原因の一つであると指摘している。また，多くの改革が，表面的なイメージアップや組織の組み換えに終始し，教室内で行われている学びの改革につながっていないと述べている (Fullan, 2007, p.6)。このように，「改革」という肯定的な言葉の響きにもかかわらず，実際には「教育改革」の学校教育への導入と，それを支える教員たちがその改革を歓迎しているかどうかは別問題である。

　このような事情に鑑みると，教育改革の調査研究においては，新しい教育プログラムの導入によって教員が実際にどのような認識・行動の変化を見せたか，また，導入過程において児童・生徒の学習や学習に対する認識がどのように変化したかを調べることが重要となる。学校に新しいプログラムが導入されたという制度上の事実だけでなく，個々の教室において教員や児童・生徒にどのような認識や行動の変化が見られたかが大事なのである。Hall (1995) が指摘する

ように，児童・生徒・教員が変わらなければ，新しい教育プログラムが導入されても，本当の意味で「学校が変わった」ということはできないだろう。その意味で，教育改革の過程における教員たちの積極的な参加やサポートが見られなければ，その改革は未だ「可能性」にとどまっていると言わざるを得ない。新しい教育プログラムが「成功」するかどうかは，学校管理職がどれだけ努力したかではなく，教員がどのように認識を変えたか，また教員が実際に実践の場でどのように行動変容を起こしたかにかかっている。

　では，グローバル化の進展に伴い国際学校のみならず公立学校や公的なカリキュラムを採用する私立学校でも導入が進められている国際バカロレア（IB）において，実際に教室で児童・生徒の教育に関わっている教員は導入後どのように認識を変化させているだろうか。先行研究を調べてみると，例えば，認識変化の具体例として教授戦略の変更や修正 (Hutchinson, 2004)，カリキュラムに関する知識やパースペクティブの広がり (Gouthro, 2003)，教科間のつながりを意識した教授 (Powell, 2002)，教授観や教育観の変化 (Getchell, 2010; Walter, 2007)，教師としての自己効力観の改善 (Getchell, 2010; Gouthro, 2003) などが指摘されていることがわかった。これらの研究は，いずれも，IB の導入後に起こった変化を特定しようと試みたものである。

　このように先行研究からは，IB の導入による教員への影響がどのようなものであるか有益な情報を得ることができる。しかし，同時に研究開始時点においてはこれらの文献を除いては IB の教育効果についての学術的研究や調査が少ないことも明らかになった。また，特定された変化が他の国内外の IB 認定校においても同じようにみられるのかどうか定かではない。世界各地でみられる IB 導入による教育への影響について総合的かつ包括的理解を得るためには，さらに調査が必要であると思われた。本研究は，ニュージーランドの事例を調査することで，日本における IB 導入への示唆が得られればとの思いから行ったものである。

第Ⅰ部　国際教育としての IB 教育受容

2. ニュージーランドにおけるケーススタディ

　IB の導入が教員の教授法に実際どのように影響しているのか，教員の認識を探るためにニュージーランドにて質的調査を実施した。この調査は，筆者の博士課程における研究（Hara, 2011）の一部として行われたものである[注1]。調査地としてニュージーランドを選んだ理由は，当時ニュージーランドの IB 認定校のほとんどが，IB 導入前は国が定めた公的カリキュラムを実施しており，公的カリキュラムに馴染んでいる教員が IB プログラム導入後どのように教授法についての認識を変化させるのか調査するのに適していると考えられたからである。

　具体的な調査方法については，ニュージーランドの学校において IB プログラムがどのような意味を持って導入されているかについて理解を深めるために質的調査法によりデータ収集を行った。また，調査対象として当時 IB のホームページ等で確認されたニュージーランドのすべての IB 認定校（16 校）および IB 候補校（17 校）に調査への協力依頼を送り，それぞれの学校の管理職を通して教員の調査への参加を打診した。調査対象者は参加を表明した教員の中からプログラムの種類（PYP, MYP, DP），担当教科，経験年数，学校内の役割・校務分掌などの偏りが生じないように選定した。調査への参加を希望した者の中には管理職や IB コーディネーターなど一部管理職的な役割を任されている者もいたが，教授法や教授観についての「教員の認識の変化」を探ることが調査の主目的であることから，管理職であっても何らかの形で直接児童・生徒に接する授業を担当していることを選定の条件とした。その結果，全体で 22 名の参加希望者に調査への協力とインタビューを依頼することとなった。質的データの収集については，調査対象者に対する半構造化インタビューを主な調査方法として採用したが，同時に調査対象者の「語り」を裏付けるものとして学校内で作成される IB 関連文書などの収集・分析も行った。インタビュー調査は 2008 年の年末に開始されたが，約 1 年半をかけ IB 認定校を一校ずつ複数回訪問させていただき現地で行った。また必要に応じて調査対象者にメールを送り，不明な点を明らかにした。

インタビュー調査で得られたテキストデータはすべて PC に保管し質的分析ソフトを使ってコーディングを行った。具体的には，テキストデータの中で，教授法について教員の認識変容に関連して意味を持つと考えられる文章にはコードを振りラベル付けを行った。また，類似の意味を持つものはグループ化を行うなど，より高い概念によるカテゴリー化を行った。テキストデータのラベル付けとカテゴリーによるグループ化，またその再検討は，データ収集の開始とともに始まったが，調査終了まで継続して実施した。

3. 調査結果の概要 (IB 教員の「語り」にみる教授観の認識変化)

「あなたの学校が IB を導入した後，あなたは教え方を変えましたか？」という質問に対して，22 人の調査対象者のうち 18 人が肯定的な回答をした。また肯定的な回答をした対象者には，どのように教え方を変えたか説明してもらった。前節で説明したようにインタビューで得られた教員の「語り」は文字化しコーディング（継続的なラベル付けとカテゴリー化による分析）を行った。その結果，「考える力の奨励」「自ら学ぶ力の育成」「より深い理解の追究」「『つながり』の重視」「国際的な視野の育成」という 5 つの観点において教員の認識に変容が見られることが確認された。

ちなみに「いいえ」と答えた 4 人のうち 2 人は，もともと IB と類似した社会構成主義的な教育プログラムを行っていたため，IB の導入を経ても教え方についての認識が変化しなかったことがわかった。また，「いいえ」と答えた 4 人の内，あとの 2 人は，IB から認定を受けて間もない学校に勤めていたが，この 2 人は，IB を中等教育段階の最後に生徒の学力を測る国際的な「試験サービス」と捉えていた。この 2 人については，教授法や教授観についての認識の変容は見られなかった。

以下，調査を通して確認されたニュージーランド IB 校における教員の教授法や教授観，およびその認識変容の一端を，調査対象者の「語り」を交えながら紹介したい。なお，インタビューに協力した IB 教員の名前は，すべて仮名である。また，各教員が担当している教科名は代表的なものを一つ挙げた。英

語の原文は筆者が日本語に翻訳を行った。

（1）考える力の奨励

　IB は，児童・生徒の「考える力」を伸ばす教育プログラムであるといわれ
ているが，22 人の調査対象者全員が 3 つのプログラムの別なく児童・生徒の
考える力を育成しようとしていると答えた。22 人の内，18 人については，IB
のカリキュラムフレームワーク（教育課程）においては従来の教え方に比べて，
より頻繁に児童・生徒に考えることを求めたり，考えることを奨励したりして
いると明確に答えている。また，調査の回答を見ると，児童・生徒が思考し探
究する学習活動を「ファシリテーター」として支援することが IB 教員の役割
であるという認識を調査対象者たちは持っていた。例えば，調査に参加した
DP 教員のベンやチャールズは自らの教員としてのキャリアを振り返りながら，
IB クラスの生徒に対しては一般の生徒とは異なる行動を期待していると説明
する。

> 中にはとても好奇心が強い生徒もいます。しかし，15，16，17 歳ぐらいの子た
> ちですから，多くの生徒は，深く考えたいとは思っていませんし，深く考えな
> いことを選んでいる生徒もいます。与えられたものをこなして試験にパスする
> ことだけが彼らの関心事なんです。しかし，IB ではそういうわけにはいきません。
> クラスの前でプレゼンテーションしなければならないのですから。知識とは何か，
> またその知識は信頼できるものか，議論しなければならないのです。
>
> （ベン／知識の理論［TOK］）

> 確かに，IB クラスの特徴として，生徒により深く（分析的に，あるいは省察的に）
> 考えることを求めているように思います。　　　　　（チャールズ／DP 経済）

　ベンやチャールズの例のように，インタビューでは児童・生徒の思考力を育
成しようとする教員の努力が，3 つの IB プログラムの別なく見られた。特に，
PYP では教科横断的な探究学習において，MYP においては学際的な単元や教
科横断的なテーマにおいて，また DP においてはコア科目である「知の理論」
や「課題論文」において，考える力の育成が特に意識され奨励されていること
が確認された。調査対象者の一人で DP 化学を教えているヒューゴによれば，

生徒が化学の授業で深く考えることができているのは，IB のコア科目である「知の理論 (TOK)」や「課題論文 (Extended Essay)」で考える力が育成されているからであるという。ヒューゴは，なぜ IB コースの生徒は同じ学校の他の生徒に比べて深く考えることができるのかについて下記のように述べている。

> IB 科目を履修している生徒の理解力は明らかに深いと思います。それは，試験に必要だから勉強するのではなく，IB コースの履修条件として「知の理論」や「課題論文のためのリサーチプロジェクト」を履修しなければならず，教員が常に「なぜ？」ということを生徒に考えさせているからだと思います。ここが「IB」が通常の教育プログラムと根本的に違うところです。単に教科において深い学びが強調されているだけではなく，教科をサポートするコア科目を通して生徒は「なぜ」と考える力を伸ばしているんです。　　　　（ヒューゴ／DP 化学）

　実は，ニュージーランドの学習指導要領でも思考力の育成はキーコンセプトの中の一つとして明確に取り上げられている（NZ Ministry of Education, 2007）。しかし，実際に教室内でどのようにして児童・生徒の思考力を育成していけばよいのかは教員にとって課題である。ある教員は IB のことを「ニュージーランドの新学習指導要領を実現するためのビークル（運搬車）である（"IB is the best vehicle to deliver the NZ curriculum"）」と象徴的に述べた。IB は「知の理論」などのカリキュラム上のコア科目を通して，児童・生徒の思考力を育成するためのさまざまな手立てを NZ の教員に提示しているといえるかもしれない。

(2) 自ら学ぶ力の育成

　22 名の調査対象者のうち 11 名が，従来のカリキュラムの時と比べて IB のカリキュラム導入後の方が，「児童・生徒の自ら学ぶ力の育成を支援している」と答えた。これらの調査対象者によれば，より大きな責任を児童・生徒に与えた方が学習に対してより関心や興味を持ち，より積極的に取り組む傾向がみられるとのことであった。また，そのことに気づいたため，教授法を変えたという教員もいた。特に，PYP や MYP を教えている教員からは，児童・生徒主導の学びや児童・生徒自身が自分の学びに対してオーナーシップを持つことの大切さが強調された。PYP 教員であるジェシカによる下記の語りは，IB 導入

後教授法を変えた IB 教員の典型的な例である。

> 私は一歩引くことにしました。私は，これまで教室活動のすべてを指揮していたのですが，今はそうではありません。今は多くの場合，児童が方向性を決めます。児童主導なんです……。PYP の強みは，児童中心の探究学習にあると思います。子どもたちは自分たちで何を学びたいか見つけます。彼らのモチベーションは高く，学習に飽きることはありません。だって，彼ら自身が学びを主導しているのですから。 （ジェシカ／PYP 教員・4 年生担任）

　ジェシカによれば，PYP では，児童が自分の関心に基づいて自分のペースで学習を進めることができるため，異なる学力の児童にもうまく対応できるという。一方，高校生を教えている IB 教員が，生徒に自律した学習者（Independent learner）になることを奨励する理由は，それが大学入学後の学びにとって必要であるからというものであった。インタビューに答えた DP 教員らによれば，IB プログラムは大学準備教育であり大学卒業後の生涯学習の基礎となるものである。教員たちは，高い期待を持って生徒が自ら学ぶ姿勢を意識的に育てていると述べている。マシューやアレックスによれば，IB が決定的に他の教育プログラムと異なるのは教授スタイルについてである。曰く，

> 試験に合格するために必要な知識を教えるのではなく，自分自身の学びに責任を持つことのできる生徒を育てたいと思っています。教員から基本的な情報を得た後は，自分自身のリサーチを行ってよいのです。生徒たちに何をしなければならないか，スプーンでご飯を食べさせるように教える必要はないのです。 （マシュー／DP 生物学・環境科学）

> 歴史を教える際，生徒は何ページも何ページも暗記する必要はありません。彼らには，考え，議論し，挑戦し，統合し，建設的な批判を言うように伝えています。このようなスキルこそが，生徒が人生で，もしくは将来入学する大学で必要なものだと考えるからです。 （アレックス／DP 歴史）

　ニュージーランドでは，いわゆる「キー・コンピテンシー」の一つとしてセルフ・マネジメントスキルの育成が奨励されている（NZ Ministry of Education, 2007）。ニュージーランド教育省によれば，セルフ・マネジメントは，個人的な目標を設定し，計画し，プロジェクトを管理し，高いスタンダードを設定す

第 2 章　国際バカロレア導入に伴う教授観の変化

る力と定義されている（NZ Ministry of Education, 2007, p.12）。NZ のカリキュラムも IB ディプロマ・プログラムも，学び方やセルフ・マネジメントを強調しているが，IB ディプロマ・プログラムでは，大学で成功するためのよりアカデミックな意味でのセルフ・マネジメントがより重視されているように思われる。

（3）より深い理解の追究

　児童・生徒の考える力や自律的な学習者となるような取り組みの副産物は，児童・生徒の知識量が増えるだけでなく，より深い理解を得られることである。教員の中には学習の結果ではなくその過程を重視することを通して，児童・生徒のより深い理解を達成しようとしている教員もいた。インタビューを受けた調査対象者の内 8 名の教員が，IB プログラムでは，生徒がより深い理解を得られるように教えることを奨励していると述べている。下記は，このグループの教員による典型的な語りの一例である。

> もっとも大事なことは，理解するということです。単に「知る」ということではなく「理解する」ということなんです。そして，そのことが IB が求めていることなんだと思います。(中略) それは，「なぜ」ということについて意識することでもあります。だから，「なぜ」と問うことは，学習のプロセスの一過程に位置付けられているんです。たぶんこれが，これまでのやり方と IB の根本的な違いだと思っています。
> 　　　　　　　　　　　　　　　　　　　　　　　　　　　（ヒューゴ／DP 化学）

　児童・生徒の「知識の習得」や「知識の量」ではなく「理解」や「学習過程」を重視する傾向は，児童・生徒の作品をどのように評価するかという点でも指摘されている。インタビューを受けた教員のうち 6 名が，児童・生徒の作品を評価する際「何を学んだか」だけではなく「いかに学んだか」を評価する IB のやり方に影響を受けたと答えている。また，これらの教員は，IB の学習環境ではより頻繁に形成的評価法（Formative Assessment）が用いられると認識している。アシュリーは，運転免許証取得のためのテストを例にあげながら，高校 2・3 年生で受験する共通テスト NCEA [注2] と IB を比較し，次のように述べた。

IBは探究学習の中でも最先端のプログラムだと思います。NCEAは例えて言うとドライビングテストにちょっと似ていますね。細かい規則をたくさん覚えることが重視されますから。(中略)それに対して，IBは「あなたが何を学んだか」，また「どう学んだか」が重視されるんです。　　　　　　（アシュリー／DP数学）

　インタビューデータからは，IBプログラムを採用した学校の教員たちが，学びの過程に価値を置くようになり，教科的な知識ではなく包括的な理解を生徒が得ることを奨励している様子が伺われる。

(4)「つながり」の重視

　IBでは，児童・生徒は教科（領域）間のつながりや教室の中と外の社会とのつながりを認識することが重視されていると言われている。今回の調査を通して，PYP，MYP，DPの3つのプログラムのいずれにおいても，IBの方針に沿った「つながり」を重視する学習活動が行われていることが確認された。

　例えば，教科（領域）間のつながりについてであるが，IBプログラムでは教科間のつながりが重視され，そこで学ばれる知識が相互に関連しあっていることに児童・生徒が気づくように心がけていると述べた教員が6名いた。DP英語を教えるジェイミーは自分のクラスと他の科目のクラスでの学びにおいて「つながり」を生徒が見出せるようになったと述べている。

　　私は，担当する英語クラスで生徒たちが学ぶことと，フランス語やドイツ語のクラスで生徒たちが学ぶこととの間につながりがあることを，生徒自身が気づくように工夫しています。また，英語クラスで学ぶことは歴史で学ぶことと関連させることもできるでしょう。文脈を合わせることで，文学や言語の学びと第二言語や歴史の授業の間のつながりを作り出すこともできると思います。
　　　　　　　　　　　　　　　　　　　　　　　（ジェイミー／DP英語）

　また，教科間のつながりを見出すことは，教員自身の知識や認識を広げることにもつながっているようである。自分が教えていることをより広い文脈で捉えることで，教授内容の教え方についての今までにない可能性を見出す場合もあるようである。

　また，教室の中と外とのつながりについてだが，教員たちはIBプログラム

第2章　国際バカロレア導入に伴う教授観の変化

で奨励されているコミュニティサービスについて大変好意的であった。実際，
教室の外で行われるコミュニティサービスと児童・生徒の成長は3つのIBプ
ログラムの別を問わず繰り返し出てくるテーマである。この件に関して，5名
の教員が，IBプログラム導入後，生徒たちにより頻繁に授業以外のコミュニ
ティサービスへの従事を奨励していると述べている。下記の語りにみられるよ
うに，教員たちのコミュニティサービスへの態度は大変肯定的である。

> 多くの学校では，教室を離れて他の人々を助ける活動が設定されていて，それ
> に参加する生徒もいます。IB認定校ではそのような活動を避けることはできま
> せん。同じように，保護者も教員もそのような活動を避けることはできません。（他
> の人々を助ける活動に参加するのは）生徒だけではありません。それがIB認定
> 校の文化なんです。保護者は，生徒が老人ホームなどでボランティアを行うこ
> とに時間を費やすことの意義を理解しなければなりません。アカデミックな成
> 功はもちろん大事ですが，それだけではないのです。　　　　　　（ベン／TOK）

また，インタビューでは，ニュージーランドが小さな島国であり世界の国々
から離れていることを挙げ，NZの児童・生徒も教職員も内向き志向であるこ
とを懸念する教員も何名かいた。また，IBのおかげでNZの孤立した環境を
克服し，教室の中の学びとグローバルコミュニティにおける学びをつなぐこと
ができたという教員もいた。このような発言をした教員の典型的な語りを3つ
紹介したい。

> IBはいわば「かけはし」だと思います。ニュージーランドは他の国々から遠く
> 離れていますから，生徒を他の国々とつなぐことができるIBのカリキュラムは
> とてもよいと思います。ICT技術が発達した今，PYPプログラムの下で児童・
> 生徒が世界の他の地域の人々とつながろうとするのを，つまり世界コミュニテ
> ィの一員となるのを，止めることはできません。
> 　　　　　　　　　　　　　　　　　　（エドワード／PYP教員・5年生担任）

> IBは，世界各地の学習活動とつながる機会を私たちに提供してくれます。その
> ようなつながりを通して，児童・生徒は世界の一員であるという感覚を持つこ
> とができます。IBは，自分中心ではなく外に向かって目を開かせるプログラム
> です。21世紀初頭において，それが私たちのめざすべき教育の在り方であると
> 思います。　　　　　　　　　　　　　　　　　　　　（チャールズ／DP経済）

第Ⅰ部　国際教育としてのIB教育受容

IBは児童・生徒に自分の町のことだけでなく，世界について考える機会を与えます。また，IBは世界のさまざまなことに影響を与える地球市民となることを求めます。地域だけでなく，他の地域や世界のコミュニティで必要とされていることが何か考え，理解し，声をあげ，ボランティアなどの支援を提供しようとします。 　　　　　　　　　　　　　　　　　　　　　　　　（アイザック／MYP数学）

　このように，今回のインタビュー調査を通して，IB教員が，できる限り児童・生徒がさまざまな「つながり」を見出すことができるような学習活動に価値を置き，そのような環境を整えようとしていることが確認された。

　また，最後のアイザックの「語り」にみられるように，IBでの学習活動を通して世界とのつながりに児童・生徒の目を向けることで，次の節でも取り上げる「国際的な視野」を育成しようとしている様子もうかがわれた。IBは，ニュージーランドの地理的条件を克服する一つの手段としても認識されているように思われる。

(5) 国際的な視野の育成

　国際バカロレアのミッション・ステートメントには「多様な文化の理解と尊重の精神を通じて，より良い，より平和な世界を築くことに貢献する，探究心，知識，思いやりに富んだ若者の育成」を目的としていると書かれている。また，「世界各地で学ぶ児童生徒に，人がもつ違いを違いとして理解し，自分と異なる考えの人々にもそれぞれの正しさがあり得ると認めることのできる人として，積極的に，そして共感する心をもって生涯にわたって学び続けるよう働きかけ」ているとも述べている。また，このようなミッションを実現する「手がかり（行動目標）」として10の資質・能力・態度を記述した「IBの学習者像（IB Learner Profile）」と呼ばれる文書が用意されている。IB教員はこれらの関連する学習活動を通して児童・生徒の「国際志向性（International-mindedness）」を育成することが期待されている。

　今回の調査でも，多くの被調査者が「IBの使命」や「10の学習者像」について言及しており，IB教育のカギとなるコンセプトの一つに国際志向性の育成があることが，教員たちの発言からあらためて確認された。

第2章　国際バカロレア導入に伴う教授観の変化

例えば，アシュリーは，国際志向性について，国際的なイベントの開催や国際的な活動の推進といった次元の話ではなく，学校コミュニティにおける「トレランス（忍耐強さ）の育成」という文脈で捉えていた。彼女曰く「国際主義の育成はショーウィンドウのさまざまな装飾（うわべだけのもの）にとどまってはいけない」。この問題について，彼女は次のように指摘している。

> 国際クラブや国際委員会，インターナショナルな夕べ，文化的な催し，万国旗の掲揚など，いろいろなイベントを行いますね。(中略) 世界時計の掲示や万国旗など多くのことは，私たちが国際的であることをあらためて認識させるものです。でも，一番大事なのは「トレランス（忍耐強さ）」だと思います。この学校では，児童も教員もみな平等です。ニュージーランドの子どもと他国からきている子どもの間に線を引くことはありません。本当の国際主義は，ショーウィンドウ（みせかけのもの）ではないんです。国際志向性 (International mind-edness) は，幼稚園での教育段階から内面化された価値観なんです。
>
> （アシュリー／DP 数学）

　上記のアシュリーの語りにみられるように，「フード（食事），フェスティバル（祭り），フォークロア（民族），ファッション」(Meyer & Rhoades, 2006) の学習を超えて，多くの教員が国際志向性や国際的視野を生徒に育成しようとしている。ただし，今回インタビューを行った IB 教員の中には，国際性の育成を難しく思っている教員がいることも明らかになった。例えば，ブレイクは下記のように述べている。

> <u>学校の中に目立った文化的な多様性がありませんから自然に国際的視野を育くむのは難しいです。</u>たぶん，<u>全校で 20 人程度しか留学生がいません。IB コースの中には，たぶん一人か二人しか留学生はいないでしょう。</u>ですから，生徒たちはかなり単一文化といえます。(中略) しかし，TOK（知の理論）のクラスでは世界各地の事例を扱いますし，トピックの多くが文化や言語に関連するものですから，国際的視野が育まれていると思います。しかし，同じようなことは，物理のクラスでは難しいです。［下線は筆者］　　　（ブレイク／DP 英語）

　ブレイクの発言から 2 つのことが推測される。まず一つは，一般的に，ニュージーランドは白人系住民，先住民族マオリ，さまざまな背景を持つ移民によって構成される多文化社会であるといわれているが，実際には IB 認定校は白

人系の児童・生徒の割合が多く，必ずしも学校内に文化的多様性が確保されているとはいいがたい事例もあるということである。実際，調査のため訪問した学校の中には白人系の児童・生徒の全校生徒に対する割合が非常に高い学校も何校かあった。このようにIB認定校によっては，文化的な同質性が国際志向性の育成の壁となっている可能性が推測される。

　また，IBの関心事は「オープンな心」「思いやり」「コミュニケーション力」など「10の学習者像」にみられる資質・能力・態度が育成されているかどうかといったところにあるにもかかわらず，一部の教員は国際志向性について「留学生が何人いるか」といった文脈でしか捉えていない可能性があるようだ。海外からの留学生に頼ることなく学校内における文化的・社会的多様性をいかに確保していくか，ニュージーランドにおけるIB認定校の一つの課題ということができるかもしれない。

4. 結論

　本調査の目的は，ニュージーランドの教員の教授法についての認識が，IBの導入によってどのように変わったかを探ることにあった。調査の結果，今回調査対象者となったニュージーランドの教員たちが，意識的に児童・生徒の「考える力」の育成を奨励し，自律的な学習を支援し，より深い意味を追究し，つながりを強調し，児童・生徒の国際志向性を育成しようとしていることが確認された。これらは，概ねIBの文書で示されているカリキュラムポリシーやIBでたびたび言及されている社会構成主義的な教育観と一致するものである。IBプログラムやIB機構に対して否定的な意見は見られなかった。

　このような結果から，今回調査したIB認定校においては，学校レベルだけでなく児童・生徒の教育に直接たずさわる教員レベルにおいても教育イノベーションとしてのIBが内面化されているということができよう。全体として，調査の対象となったIB教員は，IBが勧める教授法におおむね満足しているということができるのではないかと思われる。

　ただし，IB認定校によっては，児童・生徒のほとんどが白人系の学校もあり，

第2章　国際バカロレア導入に伴う教授観の変化

文化的な同質性が国際志向性の育成の壁となっている可能性があることも推測された。

　本研究は，教員自身がどのように教授法を変えたと考えているかを聞き取り分析した「認識調査」であり，実際に教授行動に変化があったかどうかを実証するものではない。また，ニュージーランドという限られた調査地における限られた期間での調査であり，教員の認識に関するニュージーランド以外のIB認定校の実態を十分に把握しているとはいいがたい。今後は，国際バカロレアの導入が実際にどのように教室での教授行動に影響を与えるのか，授業観察や児童・生徒への聞き取りなどの調査手法をもとに，より広い調査地において明らかにしていく必要があると思われる。本論文が，今後のIB研究の参考になれば幸いである。

〔原　和久〕

注
1　本論文は，2011年に執筆した筆者の博士論文をもとに2018年発刊の『国際バカロレア教育研究』第2巻にて英語で発表したものである。今回，日本語での書籍化にあたって使用語彙等を見直し加除修正したが，先行研究，調査データ，調査結果等は当時のものをそのまま使用している。そのため，論文執筆後の新しい研究動向について十分に捉えられているとはいいがたい。また，IBの4つのプログラムの内，CPについては調査時点で導入校がなかったため今回の調査対象とはしていない。IB導入後の教員の認識変容の一事例として参考にしていただけたら幸いである。
2　NCEA (National Certificate of Educational Assessment) は中等教育段階の生徒の到達度を測定するシステムで，大学入学資格などに利用される。1から3までのレベルがあり，レベル1は11年生が受験する。

文献
Fullan, M. (2007). *The new meaning of educational change* (4th ed.). Teachers College Press.
Getchell, L. A. (2010). *Effects of International Baccalaureate Primary Years Programme on teacher philosophy, perceptions of efficacy, and outlook on education* (PhD thesis). University of Denver.
Gouthro, C. L. (2003). *Two experienced teachers' perceptions of the International*

Baccalaureate mathematics program (MA thesis). University of Toronto.

Hara, K. (2011). *Educational change beyond borders: International Baccalaureate in New Zealand* (PhD Thesis). Auckland University of Technology.

Hall, G. E. (1995). The local educational change process and policy implementation. In D. S. G. Carter & M. H. O'Neill (Eds.), *International perspectives on educational reform and policy implementation.* The Falmer Press.

Hutchinson, L. P. (2004). *Recommended practices for effective teaching in the International Baccalaureate programme: An examination of instructional skills, assessment practices, and teacher-efficacy beliefs of IB teachers* (EdD thesis). The College of William and Mary.

Meyer, C. F., & Rhoades, E. K. (2006). Multiculturalism: Beyond food, festival, folklore, and fashion. *Kappa Delta Pi Record, 42*(2), 82–87.

New Zealand Ministry of Education. (2007). *The New Zealand Curriculum.* Learning Media.

Powell, K. E. (2002). *The International Baccalaureate Programme: A model of program implementation and school reform* (EdD thesis). University of Pittsburgh.

Walters, W. N. (2007). *A case study of implementing an International Baccalaureate Middle Years Programme: Teachers' motivation and perceptions towards change* (EdD thesis). Indiana University of Pennsylvania.

第3章

日本における国際バカロレア教育の受容実態に関する一考察
——ディプロマプログラム（DP）に着目して

> キーワード：国際比較，教育受容，経験値

1. はじめに

　本章は，国際バカロレア（International Baccalaureate：IB）教育の一つであるディプロマプログラム（Diploma Programme：DP）の導入過程に焦点を当て，その受容実態について考察したものである[注1]。なかでも，日本の一条校であるIB認定校におけるDP導入に伴う課題の一端を教員の視点に基づき明らかにする。

　2010年代以降の日本では，「日本再興戦略—JAPAN is BACK—」（2013年6月閣議決定）に基づき，「グローバル化に対応した教育を牽引する学校群」の形成を目的として，IB認定校等を2018年までに200校に増加させることが目指されてきた。そして，DPで提供する科目を英語だけでなく日本語でも教授可能とする「国際バカロレア・デュアルランゲージ・ディプロマ」（通称，日本語DP）の開発がなされる等，IB普及のための取り組みが推進されてきた。2024年4月現在，IB機構によれば日本におけるIB認定校は112校にのぼる。地方自治体における教育改革の一環としてIBの導入を模索する動きがみられるなど[注2]，今後，IB認定校はさらに増加していくことが見込まれる。

　関連する先行研究として，IBのカリキュラム研究（例えば，Culross & Tarver 2011）やインターナショナルスクール等を対象にしたIBの成果に関する研究（相良・岩崎，2007），諸外国におけるIBの受容に関する研究（例えば，英国に焦点を当てた花井（2011）），一条校におけるIB導入の意図等を明らかにした

研究 (渋谷，2015) 等があり，一定の蓄積がみられる。しかし，日本の一条校にいかに IB を導入するか，その際にいかなる課題が生じ，それらをいかに克服するかという IB の導入過程に関しては，研究蓄積が不十分である。

　実践面においても，IB の導入過程に関する研究の必要性は高い。IB 教育の特徴として，「学習者中心主義」「探究型学習」「教科横断型の学習」等が挙げられ，生徒の「創造性」や「批判的思考力」の育成が求められる。しかし，これらの教育目標の重要性を各校，各教員が認識したとしても，一条校における IB の導入はインターナショナルスクールなどに比べて容易でない。というのも，IB の実施には，IB 独自のカリキュラム構成や評価方法を導入する必要があるため，既存のカリキュラムや教育方法，大学入学試験等との整合性を図る際に困難が生じるからである。日本の一条校で IB を導入する場合，カリキュラム設計や授業実施において，現行の学習指導要領等を遵守しつつ，IB の基準を満たすことが求められる。さらに，IB 自体が日本で発祥したものではなく，欧米中心にこれまで発展してきた経緯もあり，日本での導入過程には教育文化の面においても，さまざまな課題が生じることが予期される[注3]。IB 認定にかかる経費負担についても，特に公立の一条校においては，障壁が高い。このような現状にもかかわらず，実際に日本ではすでに IB の導入が進展している。各学校現場における受容実態を明らかにすることは，今後，日本で IB を実施していくうえで価値が高い。さらに現在，グローバル化が進展するなかで，日本がいかに国際的な教育プログラムを受容するか検討することは，時期的にも意義が深い。

2. 調査手法

　2016 年 5 月〜10 月にかけて，一条校である IB 認定校 5 校と候補校 1 校に対して質問紙調査をメールベースで実施した。また，対象の IB 認定校の教員に対し，導入に伴う「課題」について聞き取り調査を行った。質問紙の構成は**表 3.1**，調査対象校の特性は**表 3.2** に示すとおりである。聞き取り調査においては「何における課題か」という明確な定義は伝えず，非構造化された形式を

表 3.1　質問紙調査の構成

	質問項目
1	なぜ IB DP を導入したのか。
2	授業で主に使用している教材（教科書）は何か。
3	IB DP 導入過程で苦労していることは何か。
4	IB 生と普通課程の生徒との関係はどのようか。
5	生徒数（IB コース在籍者数）は何名か。
6	IB DP 担当教員数は何名か。

表 3.2　調査対象校一覧（基礎データ）

	認定年	公／私	生徒数（調査当時）	教授言語
A 校	2011	私	高 3：14 名／高 2：18 名	英語
B 校	2010	私	高 3：16 名／高 2：19 名	英語
C 校	2015	公	1 学年 25 名	英語
D 校	2014	私	高 3：9 名／高 2：15 名	英語
E 校	2015	私	高 3：8 名／高 2：14 名	日本語／英語
F 校	2016	公	1 学年 25 名（予定）	日本語／英語

表 3.3　聞き取り対象教員らの基礎データ

	所属（公／私）	役職，担当教科科目等
校長 A	公	―
教員 A	私	国語科担当教員
教員 B	私	理科・化学担当教員
教員 C	私	国語科担当教員
教員 D	私	理科・生物担当教員
教員 E	私	元地理歴史・公民科担当教員
教員 F	公	元 DP コーディネーター
教員 G	公	DP コーディネーター
教員 H	公	DP コーディネーター

第 I 部　国際教育としての IB 教育受容

取った。対象者は，校長1名と教員8名である（**表3.3**）[注4][注5]。

3. 調査結果，考察

　本節では，調査結果を提示する。また，それに基づき，日本のIB認定校における DP 導入に伴う諸課題を，(1) IB 教育の管理，運営，(2) 教員の校務分掌，(3) 日本全体の「IB 知」の観点から，それぞれ考察する。

(1) IB 教育の管理，運営の困難さ

　IB を導入する際，学校現場において「事前準備」が求められる。準備状況が IB 機構に評価され，実施してよいという「認定」を受けなければ IB 認定校になることはできない。例えば，学校の施設や設備を IB が定める規格に則り整備する必要がある。具体的には，理科の実験室や図書室の水準が提示されている。文部科学省 IB 教育推進コンソーシアム事務局による「国際バカロレア認定のための手引き（ディプロマ・プログラム編）」には，IB の認定に向けた手続きやコスト，学校で工面すべき設備などが示されている。同手引きによると，IB 機構が学校側に求める設備条件として，「科学実験室の関係」では，「本管またはガスボンベからのガス供給。（ガスボンベの供給装置は部屋の外に設置。）」等の8項目が挙げられている。その他，「図書室・書籍の関係」「ICT，WiFi設備の関係」「試験用紙等の保管場所」等の条件が明記されている。

　それらの整備にかかる具体的な必要経費は明示されていないが，特に公立校にとっては IB 認定に向けた障壁の一つとなることが予想される。実際に，「必要経費」の不透明さは，IB 認定に向けた準備段階で認識されていた。校長 A によれば，「施設や図書室の改修費用を確保すること自体が大変だが，それ以上に，いくら費用がかかるのか見えない点が問題である」という。つまり，管理職としては認定プロセスに入る前に予算案を立案し，当該年度には計上し，改修工事を実施する必要があるが，その見積もり自体が非常に難しいとのことである。

　当然ながら，学校によって，既存の設備状況は異なるため，IB 認定に向け

た必要経費には幅がある。しかし，日本全体に，大体この程度の金額がかかるという「相場観」がまだ蓄積されていない。現状では，実際に必要となる費用よりも高額を予想している学校もある。相場観が存在しないことで，新たにIB導入を検討する学校において，施設や設備の準備が懸案事項の一つとなる。上記の手引きには，「国際バカロレア機構としては，生徒により良い環境でDPを履修してほしいとの考えから，学校側に多くの指摘・注文を行う傾向がありますが，それは指導ではなくアドバイスです。大事なのは，学校が生徒にどのようにIB教育を実施しようとしているのかを説明し，コンサルタントに納得してもらうこと」（文部科学省IB教育推進コンソーシアム事務局，2018, p.33）とある。しかし，今後IB導入を推進しようとする場合，より具体的な必要経費の提示もしくは改修費用や代替案等の先行事例の蓄積，共有が不可欠であろう。

　さらに，IB導入に際して，市や県からどの程度の追加予算を得られるかが不明な点も不安に拍車をかけている。IBを導入する際のバックアップ，すなわち追加の予算措置や教員の加配が実施されるかが不明瞭である点が，教員によって懸念事項として認識されていた。

　また，日本で先駆的にIBを導入したB校では，当初IBの国内での認知度が低く，十分な数の生徒が集まらなかった。したがって，学校運営の先行き不透明感が最大の課題であった。しかし，政府がIB導入を推進していくなかで，B校における生徒募集の問題は解決したという。そして，それに反比例するように浮上してきたのは，優秀な教員の確保の問題である。B校では，調査時点において，外国人教員の配置を主として対応していたが，将来的には，DPの一部科目，例えば高度なレベルの英語力が要求される人文科学系では，日本語による教授の選択肢を加えることも検討されていた。そして，将来的にはIB教育経験の豊富な日本人教員の配置を検討する必要があるとのことであった。

　教員雇用に関わる問題はB校以外でも認識されている。校長Aによると「どのような教員を雇用すればよいのか分からない」とのことである。「IB教育を経験した人，かつIBを教えた経験がある教員が望ましい」（校長A）けれども，日本では，未だIB教育に携わった経験を有するという条件を満たすのは外国籍教員が大半となる。一条校では，日本の教員免許を保有していることも求め

第Ⅰ部　国際教育としてのIB教育受容

られる。特色的な教育を行う学校において外国人教員等を活用するための「特別免許状」の制度を活用する方略はあるものの[注6]，令和元年度における授与件数が日本全体で 227 件であることから[注7]，IB 認定校における教員の採用のために，当該制度が広く活用されているとはいいがたい。

　また，IB の認定に至るまでには「関心校段階」「候補校段階」「IB 認定校段階」というプロセスを経ることが必要となるが，各段階において，各校は IB 機構に対してさまざまな費用を支払うことが定められている。**表 3.4** が，必要とされる認定にかかる経費の詳細である。これら諸経費を，毎年継続して計上していくことは，公立校にとっても私立校にとっても容易でない[注8]。

　生徒個人の経済的負担もある。具体的には，資格取得のためには，その条件となる 6 科目および 3 要件にそれぞれ費用がかかる[注9]。一般的に，IB 認定校では，通常の授業料に上乗せして，DP 資格取得のための受験料を徴収せざるを得ない。運営上，生徒に負担を強いている状況である。F 校においては，50 万円ずつ授業料の追加徴収を実施している。家庭の経済的状況が，DP 資格取得の選択に影響を及ぼす可能性は免れない。

　しかし，教員 F によると，最も保護者が危惧するのは「直接費用」ではなく「間接的なリスク」であるという。つまり，IB コースを選択して大学に入学できるのかという点が保護者の一番の懸念事項であるという。B 校でも，「国内ではまだ発展段階にある，高等教育機関の DP 生の受け入れ態勢」が問題として挙げられ，「国内大学側の，DP 生の選抜方法も含めた」推進を期待する

表 3.4　IB にかかる経費

	項目	金額等詳細
関心校	候補校となるための申請	約 50 万円
候補校	候補校としての年会費	毎年約 111 万円
	IB コンサルの訪問（認定校申請前）	旅費・宿泊費
	IB による確認訪問（認定校申請後）	旅費・宿泊費
認定校	認定校としての年会費	毎年約 114 万円
	IB による評価訪問	5 年ごとに約 39 万円

出所：文部科学省 IB 教育推進コンソーシアム事務局（2018）を基に筆者ら作成。

という声が聞かれた[注10]。

　IB は，獲得する知識の量からすれば，世界の多くの高校の教育課程で学ぶ方がその絶対量は多いと指摘されるなど（渡邉，2014），大学入学共通テストの受験と DP 資格取得との両にらみは難しいと考えられる。すなわち，学校としては，IB が教育的に良いプログラムであると考えても，保護者に進学先の見通しを提示することが対処すべき課題の一つとして考えられるのである。

　多くの日本の大学では，現在，DP 資格を入試のために活用しようという動きはある[注11]。しかし，DP の最終試験の点数を「いかに評価するのか」に関する体系化された指標が存在しないため，大学側も DP 資格の評価に関して課題を抱えている（島田ら，2016）。教員 E からは，「例えば，筑波大学は主要大学の中でも，IB 入試を他に先駆けて導入しているが，IBDP で 39 点を取らないと入学できない。この点数は高過ぎる」という意見も確認された[注12]。以上のような状況により，教員は，国内の大学への入学を想定した場合，DP 資格を生徒に対し，良い選択肢として推奨できない現状がある。

　DP 資格に関する正しい認識を広めることも各校には課せられている。一条校である IB 認定校で DP 資格取得のための条件を満たした生徒は，高校の卒業資格と DP 資格との両方を得ることとなる。しかし，DP 資格に関する理解が進んでいないため，「『IB コースに通う子どもは，IB の受験資格しか得られないのか。つまり，大学受験は IB でしか受けられないのか』といった誤解がある」点が課題として認識されていた（教員 A）。DP 資格により，海外の大学を受験することができる一方で，日本国内の大学受験の機会を狭めることにつながるのではという危惧が有されているのである。

(2) 教員の校務分掌に関する課題

　次に，校内における教員の校務分掌に関する課題について考察していく。

　新たに外部から既存の教育とは異なる教育プログラムが導入されるに当たり，「どの教員が」当該教育プログラムを担当するかが教員間において非常に大きな問題となっている（教員 A）。IB 教育を担当するための資格は，3 日間のワークショップ[注13]を受講するだけで，ある種「誰でも」得ることはできる。し

かし，実際に IB の授業を担当するとなると，教科間のつながりを重視した授業を構想する時間を確保すること等が伴い，教員にとって大きな「負担」と考えられる。

公立の一条校で IB 導入に携わった教員 A は，教員の負担について次のように述べている。「IB を導入するに当たり，生徒の学習負担や進学の際のメリット，デメリットは頻繁に議論されているが，『教員の負担』についてももっと議論されるべきである。特に普通の公立校で IB を導入する際には，教員は IB のみを担当するのか，通常授業に＋αで担当するのか，その議論は不可避である」。

教員 F によれば，公立校で IB を導入しようとした際，IB 担当教員は通常授業のコマ数を減らされるが，部活動の顧問やクラス担任等の校内業務が減免されるわけではない。ただでさえ，過度な負担がかかっているといわれる日本の公立校の教員に対して，周到な準備が必要とされる IB 教育の導入は，さらなる負担となり，通常授業の質も，IB 教育の質も落とす危惧があるという。

また，日本の学校が IB の導入に踏み切る背景には，「学校の生き残り」のために，IB を導入することによって，学校の特色，独自性を出すという目的が存在する（F 校）。さらに，IB の導入により，教員の加配を期待することも，ねらいの一つとして挙げられていた（教員 H）。

校長の意向により，グローバル教育を推進するための手段として，IB の導入に至ったという私立学校もある（E 校）。すなわち，日本の学校が IB を導入する背景には，多くの場合，学校の経営を成り立たせるという理由や校長の方針が存在する。実際に IB 教育の担い手となる教員ら自身がその理念や教授法に共感して，といったようなボトムアップ的な理由ではない場合が多いのである。

実際に教員からは，IB 導入に伴い，学校内で教員間に溝が生じる懸念が示された。教員 A からは，「学校内で IB 受け入れに積極的な教員グループと消極的なグループがある。今後，無理に IB を導入すれば，"教員の分断"を引き起こすのではないか」という懸念が示された。比較的，年配の教員は IB 導入に消極的で，若手の教員は IB 導入に積極的だという意見も聞かれた（教員 B）。一方，他の対象校では，年代に限らず，2 つのグループに分かれているという状況もある（教員 A）。また，消極的になる理由もさまざまで，IB 認定校にな

第 3 章　日本における国際バカロレア教育の受容実態に関する一考察

44

らなくても，IB について学ぶことを通じて，既存のカリキュラムや教授法を改善させることはできる（教員 A，教員 H）という意見の他，「他の学校が導入して，様子を見るべき」，「多くの大学が IB を入学試験に活用し始めた後で，導入を検討すべき」等，当面は様子をみることが無難であるという反対も多いとのことである（教員 C，教員 H）。このような学校内における教員間の分断は「同僚性の低下」や「集団としての教育力」の低下に繋がる危惧がある。日本では，政府の方針として IB の導入が推進されており，各校が IB 認定を目指す契機も，校長の方針に基づく場合が多いことは上記のとおりである。すなわち，トップダウン的に IB の導入がなされる傾向が指摘できる。その場合に，学校内部での IB 導入に対する意見の相違をいかにすり合わせ得るかが，課題の一つとなる。

(3) 日本全体の IB 知の課題

　最後に，日本全体の「IB 知」に関する課題を取り上げたい。左記のとおり，日本の一条校に IB が導入され始めてまだ数年であり，運営上も，制度上も十分な経験が蓄積されていない。そして，日本で何より不足しているのは，IB 導入に際する「日本の IB 知」であることが今回の調査から示唆された。ここで指す「IB 知」とは，次の 3 点に大別できる。

　1 点目は「IB に関する知識，理解」である。IB の理念や制度をおぼろげに把握している教員，研究者は増加しているが，正確な理解に基づき，具体的な実践力を修得している教員が十分にいるとはいいがたい。日本で開催された IB ワークショップに参加した教員 H は「IB ワークショップに参加したが，IB のことをよく理解していない講師が担当しており，レベルが低い。IB を実施する教員のレベルもまだ低い水準に留まっている」との指摘をしていた。学校現場だけでなく，研究面においてもいえることであろうが，日本全体における IB 教育に関する知識，理解はまだ十分に深まっていない。理解が十分ではない状況で，学校運営上の動機のみで，上から与えられた IB を導入している側面があることは否めないであろう。今後，日本の教育界や保護者の中において，IB に関する正確な知識，理解が深まれば，状況は改善される可能性があるだ

第 I 部　国際教育としての IB 教育受容

ろう。

　2点目は，「IB導入，実施に当たっての経験知（値）」である。これまで日本でIBを導入した学校が少ないこともあり，導入に関する経験が広く共有されていない。そのため，IB認定校になるためにはどの程度のコストがかかるのか，教員加配や施設修繕がどの程度必要なのかといったことに関する情報共有が不十分である。また，IBを修了した学生がいかなる進路に進み，就職をしているかなど，IB導入に関するメリット，デメリットがまだ公には知られていない。そのことが，"未知のもの"としてIBへの不安を増大させている面がある。2013年に，東京学芸大学を中心に「国際バカロレア・デュアルランゲージ・ディプロマ連絡協議会」が発足し，IBを導入した学校間の情報が徐々に共有され始めているため，このようなIBの経験知も次第に共有されるものと考えられる。

　そして，最後の「IB知」は，今までの日本の教育経験を活かしたうえで，いかにIBを取り込み，発展させるかという「弁証法的な方法論に関する知」である。IB機構が管理，運営するIBという一つの教育プログラムを，いかに日本の教育文化に適合させ，既存の教育経験と融合させていくかという議論がもっとなされる必要がある。つまり，単にIB機構が指示するがまま，トップダウンで受容するのではなく，積極的に自分たちから「日本版のIB教育を創造」していく必要がある。IB認定校を200校に増加させることをゴールとするのではなく，議論次第では，IBを導入しないという方針を取る学校が出てきても，それはそれで歓迎すべきだろう。重要なのは，個々の学校，個人の中にあるグローバル性を育み，国際社会に適合した質の高い教育を実践することである。

4. おわりに

　本章では，日本におけるIB導入に伴う課題に焦点を当て，各校現場での受容実態を議論してきた。本論で示した課題は，すべての課題の一端に過ぎないだろうが，このような受容実態を確認し，一つずつ課題を解決していく過程こそが必要で，ひいては日本型のIB教育の創造につながるだろう。

第3章　日本における国際バカロレア教育の受容実態に関する一考察

また，IB 教育の導入過程については，「IB を受容するか否か」という狭い議論に終始するのではなく，すべての子どもの「学力観」の再検討や「グローバル性」をいかに育むかという大きな教育テーマと合わせて議論していく必要があるだろう。欧米で確認されるようなエリート層のための IB 教育ではなく，公教育の中に"IB 的な教育"を取り入れていくことも念頭に置きながら，幅広い議論が求められているのではないだろうか。

〔川口純，江幡知佳〕

謝辞

　本調査の実施には，科学研究費補助金（平成 28 年～平成 32 年　基盤研究（B）「国際バカロレアに対応する教員養成の国際比較研究」研究代表者：窪田眞二）を活用させていただいた。関係各位に伏して御礼申し上げたい。

注

1　本論は，川口純・江幡知佳（2017）「日本における国際バカロレアの受容実態に関する一考察—ディプロマプログラムに着目して—」『筑波大学教育学系論集』41（2），35-48 の内容に一部修正を加えて再録したものである。

2　例えば，「国際バカロレア，2026 年度導入へ　静岡県教委が基本計画」（https://www.at-s.com/news/article/shizuoka/1044724.html）（2022 年 6 月 15 日閲覧）など。

3　IB に対しては，設立初期から，教育内容に関して「特定の文化財に基づいていないどころか，そのほとんどが西欧の観念や概念に依拠しており，それゆえに他地域から西欧偏向」であるとの批判が存在した（西村，1989）。しかしこの文化的側面について，調査対象者から課題が挙げられなかったため，本論では扱わないこととする。

4　教員 E と教員 F は，調査時点で IB 認定校ではない学校に異動していたが，IB 認定校に在職当時の話を聞いた。

5　DP コーディネーターは，全体的なプログラム運営や関係者との連絡，校内リーダーシップ権限の発揮等の職務を担う。詳細については以下を参照。「ディプロマ資格プログラムに関するよくある質問」（http://www.ibo.org/globalassets/publications/faq-on-the-dp-jpn.pdf）（2022 年 6 月 15 日閲覧）

6　特別免許状の授与候補者の条件の一つに，「スイス連邦ジュネーブ市に主たる事務所が所在する団体であるスイス民法典に基づく財団法人である国際バカロレア事務局（略称 IBO）」における教科に関する授業に携わった経験が，最低 1 学期間以上にわたることが定められている。詳細については以下を参照。「特別免許状の授与に係る教育職員検定等に関する指針（令和 3 年 5 月 11 日）」（https://www.

mext.go.jp/content/20210514-mxt_kyoikujinzai02-000014888_2.pdf)（2022 年 6 月
15 日閲覧）

7 「教員免許状授与件数」（https://www.mext.go.jp/content/20211130-mxt_kyoiku-jinzai01-000019246_1.pdf)（2022 年 6 月 15 日閲覧）より。

8 実際に私立である A 校からの質問紙調査の回答でも，「予算の裏付け」が IB 導入
過程において苦労していることの一つに挙げられた。

9 最新の費用は IB 機構のウェブサイトで確認できる。

10 質問紙調査の回答より。

11 文部科学省 IB 教育推進コンソーシアム「IB を活用した入試制度」（https://ibcon-sortium.mext.go.jp/ib-japan/admissions-policy/)（2022 年 6 月 15 日閲覧）より。

12 各大学での受験等に必要な DP の最終試験の点数については募集要項を参照。例
えば，筑波大学における令和 6 年度入試では，一部の学類で「履修していること
が望ましい科目等」として最終試験の点数が示されている。

13 詳細については以下を参照。「ワークショップ（WS）」（https://ibconsortium.mext.go.jp/workshop/)（2023 年 7 月 23 日閲覧）

文献

相良憲昭・岩崎久美子編（2007）『国際バカロレア　世界が認める卓越した教育プロ
グラム』明石書店.

渋谷真樹（2015）「一条校による国際バカロレア導入の意図と背景―学校管理職の語
りから―」『国際理解教育』21，3-12.

島田康行・本多正尚・大谷奨・白川友紀（2016）「国際バカロレア特別入試の導入と
残された課題」『大学入試研究ジャーナル』(26)，155-161.

西村俊一（1989）『国際的学力の研究 – 国際バカロレアの理念と課題』創友社.

花井渉（2011）「イギリスの資格制度における国際バカロレアの位置づけ」『国際教育
文化研究』

文部科学省 IB 教育推進コンソーシアム事務局（2018）「国際バカロレア認定のための
手引き（ディプロマ・プログラム編）」.

渡邉雅子（2014）「国際バカロレアにみるグローバル時代の教育内容と社会化」『教育
学研究』81(2)，40-50.

Culross, R., & Tarver, E. (2011). A Summary of Research on the International Bac-calaureate Diploma Programme: Perspectives of Students, Teachers, and Univer-sity Admissions Offices in the USA. *Journal of Research in International Educa-tion, 10*(3), 231-243.

第4章

国際バカロレア・ディプロマプログラム (IBDP) 初年度生の学びの実態
── 高校での学習経験，放課後の学習時間，コンピテンシーに焦点を当てて

> キーワード：ディプロマプログラム (DP)，教育効果，コンピテンシー，アンケート調査

1．IB 履修生の学びの実態とは

　現在，国際バカロレアの認定を受けた学校（以下，IB 認定校）は 159 以上の国・地域で約 5,800 校以上に及んでいる（International Baccalaureate Organization, 2022）。当初はインターナショナルスクールのカリキュラムとして開発された IB であるが，近年の日本においては，学校教育法第一条に規定される学校（以下，一条校）のカリキュラムとしても注目されている。2010 年代に入ると政府主導で IB の導入が推進され，日本の IB 認定校は，2014 年時点で 27 校であったのに対して，2022 年 8 月時点では 101 校へと増加した。岩崎 (2018) は，こうした一連の動向を受け，国内で IB が導入される背景として，①学習指導要領（平成 29・30 年告示）を視野に入れた新しいカリキュラムモデルの模索，そして，②経済のグローバル化に伴うグローバル人材育成の推進，の 2 つの流れがあると整理している。さらに，教育課程部会　生活・総合的な学習の時間ワーキンググループの方針を受け，IB の生涯にわたり学び続けるという理念や，探究し続けていくことの意義を理解するとともにそのために必要な力をつけるという考えに注目しており，IB 認定校以外の学校も IB の取組事例を参考にすることを推奨している（文部科学省，2017）。

　このように IB が探究を中心とした国際通用性をもつカリキュラムであるこ

第 I 部　国際教育としての IB 教育受容

とは知られている。しかしながら，IB を履修する生徒が学校で実際にどのような学びをしているのかについて実証的に明らかにされているとはいえない。またその学びが，「主体的・対話的で深い学び」や「探究学習」重視に移行している学習指導要領に基づく教育課程を履修する生徒の学びと比較して，質的・量的にどのように異なるのかについて十分な検討はなされていない。

以上の問題関心に基づき，筆者らは高校 2 年生（DP 初年度生）を対象として学校経験や学習経験，生徒がすでに身につけていると考えているコンピテンシーの獲得状況に関する質問紙を作成し調査を行った。本調査結果を通じて，IB の教育効果について生徒の学びの実態という観点から考察を行う。

2. IB の教育効果研究の整理

(1) 諸外国における IB 教育効果研究の動向

IB の教育内容や実践事例のみならず，その教育効果について諸外国で報告され始めた時期は 2000 年前後である。これまでに行われてきた教育効果研究では，国・地域によって何をもってどのように教育効果を測定するのか，その視点が異なっている。たとえば，IB の教育効果を高く評価する先行研究として，イギリスの高等教育統計局（Higher Education Statistics Agency：HESA）による調査がある。この調査によれば，IBDP の修了生は，A レベル修了生と比較して，英国上位 20 位の大学に進学し，より高い学位を取得し，大学院で研究を続ける可能性が高い（HESA, 2016）。また，アメリカにおける IB 研究の動向を整理した江幡（2020）は，多数の調査が IB の教育効果を実証してきたことに言及している。たとえば，ドゥベール（Duevel, L. M.）による 12 大学を対象にした調査では，IB を修了することは 5 年以内に学士の学位を取得することの効果的な予測因子となることが示唆され（Duevel, 1999），また，カスパリー（Caspary, K.）による調査では，2000〜2001 年に高校を卒業した IB 修了生 12,834 名，IB 科目履修生 11,653 名の追跡・比較が実施され，61％の IB 科目履修生，68％の IB 修了生が，選抜性の高い 4 年制大学に進学したことが報告された（Caspary, 2011）。こうした結果は，大学準備プログラムとしての IB の有効性を裏づける

ものであった。これらの一連の先行研究をふまえると，IBでの成功と高等教育での成功との相関があることが示されつつあることがうかがえる。

　一方，IBの教育効果に懐疑的な研究もある。たとえば，アジア太平洋地域の3大学に通うDP修了生とnon-DP修了生を対象に調査を行ったリー（Lee, M.）らによる研究が挙げられる。リーらによれば，入学前のDPスコアは，大学在籍中のGPAを予測する因子であり，DP修了生はnon-DP修了生よりも21世紀スキルが高いと認識していることが明らかにされたが，DP修了生とnon-DP修了生との間で，学業成績に統計的有意差は確認されなかった。（Lee et al., 2017）。

　ここまでIBの教育効果研究の代表例を示してきたが，IBの教育効果をみる指標として，大学進学率，学位取得率，GPAなどが用いられていることを確認した。先行研究ではリーらのようなIBの教育効果に懐疑的な研究はあるものの，IBの教育内容は欧米諸国における大学教育に親和的であり，大学準備教育の役割を果たしていることが示されている。

（2）日本におけるIB教育効果研究の動向

　日本国内の研究動向に目を向けると，2015年以降，教育効果の実証を試みようとする研究がみられるようになる。たとえば，渋谷（2016, 2020）は，一条校でIB認定校でもある4つの高校に通う計35名のDP生への聞き取り調査を実施し，DP生が，1）教科の力を応用する力やアカデミックスキル，2）批判的な思考力，多角的な判断力，表現力，3）主体的に学ぶ態度や多様的な文化的背景を理解する力を習得したと認識していることを明らかにした。そのうえで，これらの能力を，OECDや日本政府が謳う現代社会の求める〈新しい能力〉に共振するものであると考察した。自身がコンピテンシーを獲得しているというDP生の認識は，前述した諸外国の研究（例えば，リーら）でも報告されており，渋谷の研究は，日本でも同様の傾向がみられる可能性を示唆している。

　さらに，より客観的な指標を用いて教育効果の検証を行った研究として，ヤマモトら（Yamamoto et al., 2016）による日本語DP候補校を対象にした研究がある。ヤマモトらは，日本語DPに登録した生徒と保護者，日本語DPに登録

第Ⅰ部　国際教育としてのIB教育受容

しなかった生徒と保護者を対象とする調査を行い，両者間の高校生活への期待
や，知識やコンピテンシー習得への期待を比較・検討した。そして，日本語
DP 生は非日本語 DP 生よりも国際性に関する自己評価が高く，問題解決能力
やリーダーシップを習得する意欲が高いことを明らかにした (Yamamoto et al.,
2016)。

　このように，日本国内でも，IB 教育の効果検証を試みる研究が行われ，DP
生が non-DP 生よりもコンピテンシーを獲得していることが示されつつあるこ
とがうかがえる。しかしながら，先行研究の数は非常に限られており，IB の
教育効果に関する研究の蓄積はまだ充分とはいいがたく，実証的なデータが不
足しているという課題がある。

(3) 課題の設定

　ここまで，諸外国と日本における IB の教育効果研究の動向を整理してきたが，
留意すべきは，欧米諸国で用いられる IB の大学準備教育としての有効性を測
る指標を，果たして日本に焦点を当てる本章でも採用できるのかという点であ
る。日本の大学進学率は 54.4％（2020 年度）と他の先進国と比較して決して高
くないものの，少子化と大学入学定員の拡大に伴い定員割れする私立大学が半
数近くある。2024 年には「大学全入時代」（中央教育審議会，2008, p.3）を迎え
ると予測されるなか，日本の大学進学率や，極めて低い中退率，欧米諸国から
導入こそしたものの歴史の浅い GPA を，日本での IB の教育効果を示す指標
として用いるには，日本の大学教育制度や歴史的文脈を踏まえたうえでの検討
が必要だろう。

　このことから，本章では，欧米諸国の先行研究とは異なる視点での IB 教育
の効果検証を試みる。具体的には，日本における IB 導入の背景（岩崎，2018）
を踏まえ，一条校に通う DP 生の「学びの実態」に着目する。2021 年に出さ
れた中央教育審議会答申『「令和の日本型学校教育」の構築を目指して』によ
れば，日本の学校現場の課題として，急激に変化する時代の中で育むべき「資
質・能力」の涵養や，多様な生徒への対応，経年的に低下傾向にある生徒の学
習意欲の向上，そして，ICT 機器を用いた学習の推進が挙げられている。こ

うした課題に対応する手立てとして，学習指導要領（2017・18年告示）は学校教育全体を高度化し，「学びの質」を高めることを求めている。そして，この学習指導要領を実施する際に参考例として挙げられるカリキュラムモデルがIBである。IBは果たして学習指導要領（2017・18年告示）が目指すような学校教育の課題の解決，すなわち，「主体的・対話的で深い学び」や「探究学習」を通じて，生徒の学習意欲を喚起させ，教育目標となる「資質・能力」を育成することを果たせているのだろうか。本章では，こうした日本の文脈を踏まえ，学びの実態から一条校におけるIBの教育効果を明らかにすることを試みる。なお，「学びの実態」については，「授業内の学習経験」「授業外の学習内容」「授業外（放課後）の学習時間」の3観点から捉え検討する。授業内外の学習に注目する理由は，2017・18年告示の学習指導要領で導入が推奨されている「主体的・対話的深い学び」や「探究学習」の実施や程度について確認するためである。また，「学習時間」は，「学習意欲」を表す指標としての研究もされているが（荒牧，2002；有海，2011），本研究では，DP生とnon-DP生の放課後の学習内容や時間の使い方を知るために設定した。コンピテンシーについては，文部科学省の「生きる力」やOECDの「キー・コンピテンシー」他，国内外で目標となる資質・能力の獲得状況について確認するためである。

　上記の目的を達成するため，以下3つの課題を設定した。第一に，DP生とnon-DP生は，学校での授業内経験に差異があるのかという点。第二に，DP生とnon-DP生は，授業外学習の内容と授業外学習に費やす時間に差異はあるのかという点。第三に，DP生とnon-DP生とを比較して，獲得していると考えるコンピテンシーの差異はどのようなものかという点である。

3.　調査概要と倫理的配慮

　本章は，筆者らが実施した「高校での学習・経験に関する実態調査」（2021年4・5月実施）[注1]のデータの一次分析に基づく。質問紙の開発にあたっては，本研究と同様の問題関心のもとに実施されたIB機構による委託研究であるヤ

マモトら（Yamamoto et al., 2016）を参考に作成した（筑波大学，2021, p.8）。

IB 認定校ではない日本の高校生を対象とした調査研究分野には多くの蓄積がある（荒牧ら，2019）。教育効果を検討する場合，生徒の学業達成，すなわち「学力」（PISA 調査結果含む）を用いて検討することは重要な視点である（代表的な研究に，樋田ら，2000；須藤，2010；鳶島，2016 など）。実際に，インターナショナルスクールでの調査からは，IB の学力がPISA 型学力との親和性がある（Tan & Bibby, 2010）という研究結果も報告されている。しかし，「学力」の観点から教育効果の検証を試みる先行研究では，主に PISA 調査等の既存の大規模データの二次分析の手法がとられているが，それらの調査は個人が特定されるかたちで実施されていない以上，IB 生と non-IB 生との比較を試みる本研究が同様の手法を採用することはできない。また，直接的な学力や能力測定を行うためには，関係学校や組織の協力を得たうえで，DP 生と non-DP 生の双方にとって妥当なテスト開発が必要となるが，そのためには DP 生と non-DP 生との間にどのような違いがあるかを理解しなければならない。

調査対象校は，DP を導入する一条校（2022 年 8 月時点，42 校）のうち，調査協力の承諾が得られた 4 校である。4 校には学校宛にアンケート用紙を郵送し，担当教員を通じて調査対象者に説明書とアンケート用紙を配付した。調査協力校には，DP 生については全員を対象者とするよう依頼し，non-DP 生については，「進学クラス」等がある場合には当該クラスの生徒全員を，進学クラス等がない場合には non-DP 生全員または適当な 1 クラスの生徒全員を対象者として選定するよう依頼した。日本の高校は，一般的に「普通科─職業科」，普通科の中でも「進学校─非進学校」という序列構造を形成しており，学力に応じて生徒を振り分けている（Rohlen, 1983 ＝ 1988；耳塚・岩木，1983）。よって，DP 生の対照群は同じ学校の生徒から選ぶことで社会経済的変数や学校の特性に関する影響をできる限り統制するように配慮した。本章では，収集したデータのうち，DP 生，non-DP 生とも高校 2 年生のデータを用いて分析を行った（N＝409）。回収率は，93.9％（n＝384）である。なお，本調査は筑波大学人間系研究倫理審査委員会で審査・承認を得たうえで実施した（課題番号 筑 2020-158A 号）。

第 4 章　国際バカロレア・ディプロマプログラム（IBDP）初年度生の学びの実態

調査における主な質問項目は，①生徒自身について（これまでの学校歴等），②コンピテンシーの獲得状況について，③授業での学習経験について，④授業外の内容・学習時間について，⑤高校生活の満足度／将来の展望について，⑥進路・受験を設定した。データの分析には，SPSS（バージョン：28）およびHAD（バージョン：17_105）を用いた。

4. 調査概要

（1）DP 生と non-DP 生の姿

全回答者 384 名のうち DP 生は 45 名（11.7％）と少数である。調査協力校 4 校の DP 生の在籍者数は 50 名（DP 生の回収率 90.0％）であった。IB 認定校に在籍する DP 生が少ない背景は，一条校の IB 認定校（DP 開講）の半数以上が 2018 年以降の開設であり，いずれも少人数定員から開始する傾向にあるためである。性別は，男性が 130 名（34.0％），女性が 252 名（66.0％）で，女性が男性の 2 倍程度であった。さらに DP 生と non-DP 生に分けると，DP 生のうち男性は 7 名（15.9％），女性は 37 名（84.1％），non-DP 生のうち男性は 123 名（36.4％），女性は 215 名（63.3％）となり DP 生の方が non-DP 生よりも女性の割合が高かった。彼／女らの高校入学前の海外学校経験については，28.4％が海外のインターナショナルスクール，海外の現地校，海外の日本人学校のうちいずれかを経験していた。

DP 生のうち海外での学校経験をもつ者の割合は 60.0％で，non-DP 生の 14.7％より高く，0.1％水準で統計的な有意差が見られた。

（2）高校の授業の中でどのような学習活動を経験しているのか

続いて，高校の授業の中でどのような学習活動を行っているのか DP 生と non-DP 生の比較からみていく。質問紙では，以下に挙げる学習活動をした経験がどの程度あるかについて，1. まったくない，2. あまりない，3. たまにある，4. よくある，の 4 段階で回答するよう求めた。両者の平均値の差を確認するため t 検定を行った結果が**表 4.1** である。M は平均，SD は標準偏差，

表 4.1　授業内の学習経験について

	DP 生			non-DP 生			d	p
	M	SD	n	M	SD	n		
英語で書かれた情報を収集する	3.64	0.53	45	2.72	0.95	339	1.02	***
本を一冊読む	3.47	0.73	45	2.57	0.99	339	0.94	***
教員から作文・エッセイ・発表などへのフィードバックを受ける	3.71	0.59	45	2.98	0.87	339	0.87	***
学習の成果を発表する	3.64	0.57	45	3.14	0.81	339	0.65	***
あるテーマについて論述文（作文・エッセイ）を書く	3.53	0.79	45	3.05	0.92	339	0.54	***
根拠や理由をもとに議論する	3.67	0.56	45	3.29	0.75	339	0.52	***
学習の中で多様なメディア（新聞・映像・音楽など）に触れる	3.69	0.47	45	3.36	0.71	339	0.49	***
パソコンやタブレットを使って作業をする	3.93	0.33	45	3.67	0.54	339	0.52	***
グループで協力して活動する	3.84	0.37	45	3.63	0.60	339	0.37	***
海外で起こった出来事や課題について考える	3.49	0.63	45	3.10	0.83	339	0.48	**
自分と異なる立場や見方をもつ人の意見を聞く	3.73	0.50	45	3.49	0.64	339	0.39	**
クラスの同級生から作文・エッセイ・発表などへのフィードバックを受ける	3.20	0.84	45	2.84	0.89	339	0.41	*
プロジェクト（探究・調査・実験・発表会）の計画を立てる	3.51	0.70	45	3.23	0.78	339	0.37	*
自分が取り組んだプロジェクト（探究・調査・実験・発表会）のよかった点や課題を整理する	3.31	0.76	45	3.06	0.80	339	0.32	*
探究したい課題について問いを立てる	3.44	0.73	45	3.24	0.77	339	0.27	n.s.
図書室を利用して資料や文献を探す	2.62	0.94	45	2.45	0.93	339	0.19	n.s.
情報を得るとき，情報源の信頼性を確認する	3.49	0.66	45	3.40	0.78	339	0.12	n.s.
教科書の内容を暗記する	2.98	0.89	45	2.90	0.81	339	0.10	n.s.
問題集の練習問題を解く	3.20	0.84	45	3.12	0.88	339	0.10	n.s.

*** : $p<.001$, ** : $p<.01$, * : $p<.05$, n.s.: not significant

第 4 章　国際バカロレア・ディプロマプログラム（IBDP）初年度生の学びの実態

d は効果量（t 検定において用いられる d 族の効果量のうち，標準化された Hedges の g の絶対値）である。

表 4.1 に示すように，授業内での学習経験について 19 項目のうち 14 項目で有意差が見られた。いずれも DP 生が non-DP 生より平均値が高く，多く経験していた。「英語で書かれた情報を収集する」「本を一冊読む」「教員から作文・エッセイ・発表などへのフィードバックを受ける」「学習の成果を発表する」「あるテーマについて論述文（作文・エッセイ）を書く」「根拠や理由をもとに議論する」「クラスの同級生から作文・エッセイ・発表などへのフィードバックを受ける」の各項目は，0.1 ％水準で有意差が見られ，DP 生と non-DP 生との間に，確からしい差があった。一方，「探究したい課題について問いを立てる」「図書室を利用して資料や文献を探す」「教科書の内容を暗記する」「問題集の練習問題を解く」「情報を得るとき，情報源の信頼性を確認する」では，有意差が見られなかった。こうした項目は，DP 生も non-DP 生も高校の学習活動で同程度の経験をしていると考えられる。

（3）放課後はどのような学習をどの程度しているのか

次に，DP 生と non-DP 生の学校外での学習の違いについて，学期中の平日放課後の学習時間から分析を行った。1 日あたりの放課後の学習時間として，6 つの項目（「1 日あたりの放課後の学習時間」「高校の授業の予習，復習，課題（問題を解くなど）」「塾・予備校の予習，復習，課題（問題を解くなど）」「調べ学習，探究・プロジェクト活動，課題論文」「大学受験の準備（過去問を解く，小論文を書くなど）」「資格試験に向けた勉強（英検，TOEIC，漢検など）」）について，それぞれ「x 時間 y 分」のように回答するよう求め，分析には分単位に換算したデータを用いた。

分析の結果，**表 4.2** に示すとおり，6 つのうち 4 つの項目で有意差が見られた。M は平均，SD は標準偏差，r は効果量（ブルンナー・ムンチェル検定において用いられる r 族の効果量の絶対値）である。

全般的学習時間として「1 日あたりの放課後の学習時間」を見ると，DP 生が non-DP 生より長かった（$p < .001$）。ただし，個別具体的な放課後の学習時間

第 I 部　国際教育としての IB 教育受容

表 4.2　DP 生・non-DP 生間，放課後の学習時間の差（ブルンナー・ムンツェル検定）

	DP 生					non-DP 生						
	平均順位 M	SD	Q1	Q3	n	平均順位 M	SD	Q1	Q3	n	r	p
1日あたりの放課後の学習時間	239.7 144.7	72.73	90.0	180.0	45	183.9 109.4	76.85	60.0	150.0	335	0.17	***
調べ学習，探究・プロジェクト活動，課題論文	284.2 58.7	52.59	30.0	90.0	45	180.3 16.8	28.20	20.0	60.0	339	0.33	***
高校の授業の予習，復習，課題（問題を解くなど）	246.2 69.2	47.35	0.0	0.0	45	185.4 45.4	39.87	0.0	30.0	339	0.18	**
資格試験に向けた勉強（英検，TOEIC，漢検など）	164.8 10.6	18.59	20.0	120.0	45	196.2 18.6	28.74	0.0	30.0	339	0.10	*
塾・予備校の予習，復習，課題（問題を解くなど）	174.4 10.4	20.45	0.0	0.0	45	194.9 25.3	53.65	0.0	30.0	339	0.07	n.s.
大学受験の準備（過去問を解く，小論文を書くなど）	190.1 9.0	29.03	0.0	15.0	45	192.8 11.8	35.79	0.0	30.0	339	0.01	n.s.

*** : $p<.001$, ** : $p<.01$, * : $p<.05$, n.s.: not significant

に目を移すと，DP 生が non-DP 生より充てる時間の長かった項目と，短かった項目に分かれた。「調べ学習，探究・プロジェクト活動，課題論文」（$p<.001$），「高校の授業の予習，復習，課題（問題を解くなど）」（$p<.01$）は，DP 生が non-DP 生より充てる時間が長かった。一方，「資格試験に向けた勉強（英検，TOEIC，漢検など）」（$p<.05$）は，DP 生が non-DP 生より充てる時間が短かった。「塾・予備校の予習，復習，課題（問題を解くなど）」（$p<.01$），「大学受験の準備（過去問を解く，小論文を書くなど）」は，DP 生と non-DP 生との間で有意差が見られなかった。

(4) コンピテンシーはどの程度身についているか

　続いて，2 節，3 節でみてきたように学習経験の結果はどのようなコンピテンシーの習得に繋がっているのだろうか。高校 2 年生の段階ではあるがみていきたい。以下，コンピテンシーがどの程度身についているのかを，1. 身についていない，2. あまり身についていない，3. どちらともいえない，4. やや

身についている，5．身についている，の5段階で回答するよう求めた。

DP生が身についていると考えているコンピテンシーは，平均値の高い順に「人や社会によって違った考えや文化があることへの理解」「国際性」「外国語（英語等）の知識」であった。身についていないと考えている項目は，「国語（現代文，古典等）の知識」や「数学の知識」「理科（物理，化学，生物，地学等）の知識」であった。一方，non-DP生が身についていると考えているコンピテンシーは，平均値の高い順に「人や社会によって違った考えや文化があることへの理解」「思いやりの心」「チームで協力して行動する力」であった。身についていないと考えている項目は，「志望校に入学できる学力」「数学の知識」「理科（物理，化学，生物，地学等）の知識」であった。さらに，獲得したと考えているコンピテンシーについて，DP生とnon-DP生の平均値の差を比較するためt検定を行った結果が**表4.3**である。25項目のうち，有意差が見られた7項目のみを掲載した。Mは平均，SDは標準偏差，dは効果量である。

「総合的な英語力（英会話能力を含む）」「国際性」「外国語（英語等）の知識」「志望大学に入学できる学力」の各項目は，0.1%あるいは1%水準で有意差が見られ，DP生がnon-DP生より身についたと自己評価していた。一方，「国語（現代文，古典等）の知識」は，5%水準で有意差が見られたが，non-DP生がDP生よりも身についたと考えており，逆転していた。

表4.3 DP生とnon-DP生の間で有意な差が確認された7項目（25項目中）

	DP生			non-DP生			d	p
	M	SD	n	M	SD	n		
総合的な英語力（英会話能力を含む）	4.09	0.97	45	3.34	1.05	334	0.73	***
国際性	4.29	0.70	45	3.66	0.97	335	0.67	***
外国語（英語等）の知識	4.11	0.96	45	3.67	1.04	335	0.43	**
志望大学に入学できる学力	3.22	0.90	45	2.80	0.82	335	0.50	**
自ら率先して行動する力	3.84	0.90	45	3.53	1.01	339	0.32	*
国語（現代文，古典等）の知識	2.96	1.15	45	3.26	0.90	334	0.33	*
人や社会によって違った考えや文化があることへの理解	4.62	0.54	45	4.40	0.70	339	0.33	*

*** : $p<.001$，** : $p<.01$，* : $p<.05$

5. IB 認定校に通う DP 生と non-DP 生の学びの実態とは

　ここまでの分析結果を踏まえ，本章で設定した 3 つの課題について考察を行う。第一の課題は，DP 生と non-DP 生は，学校での授業内経験に差異があるのかという点である。**表4.1** より，授業内の学習経験に着目すると，DP 生は non-DP 生よりも探究学習を多く経験し，ICT の活用経験も多かった。特に，探究学習の一環である情報収集は，海外で起こった出来事や課題についても考えている傾向が高く，英語の情報にもアクセスしているため，情報収集の広範さが特徴的であった。また，学習の成果を論述文の作成や成果報告として経験している割合も高く，生徒自身の成果物に対して，教員やクラスの同級生からフィードバックを受ける経験も多かった。一方，non-DP 生は，これらの学習を明示的に経験する機会が DP 生ほどには多くないと考えられる。

　第二の課題は，DP 生と non-DP 生は，授業外学習の内容と授業外学習に費やす時間に差異はあるのかという点である。**表4.2** より，DP 生と non-DP 生の「1 日あたりの放課後の学習時間」には差異があり，DP 生の方が長く学習していることがわかった。DP 生は non-DP 生よりも「高校の授業の予習，復習，課題」や「調べ学習，探究・プロジェクト活動，課題論文」に多くの時間を費やしており，授業内学習の経験が，授業外学習である放課後の学習にも影響を与えていると考えられる。non-DP 生は，DP 生よりも「資格試験に向けた勉強」に時間を費やす傾向があったが，本章で実施した調査の質問項目で尋ねた資格は，日本国内の大学等への進学向けのものであり，TOEFL iBT や IELTS Academic Module など海外大学への進学の際に求められる資格について尋ねれば，異なる結果が得られた可能性がある。また，DP 生と non-DP 生の間で「塾・予備校の予習，復習，課題（問題を解くなど）」と「大学受験の準備（過去問を解く，小論文を書くなど）」に費やす学習時間がともに非常に短かった。典型的な DP の学習は塾・予備校で学習する内容と親和的ではなく，DP 生のなかには，塾や予備校での学習を必要としていない者も多いと考えられる。本分析のデータは高校 2 年生のはじめに収集したものであり，DP 生も non-DP 生も，塾・予備校に通ったり，大学受験の準備をまだ始めたりしていなかったためと考え

第4章　国際バカロレア・ディプロマプログラム（IBDP）初年度生の学びの実態

られる。大学進学をにらんだ学習に関する量的あるいは質的な違いは，高校3年生で顕著になる可能性がある。

第三の課題は，DP生とnon-DP生とを比較して，獲得していると考えるコンピテンシーの差異はどのようなものかという点である。DP生はnon-DP生より国際性・英語関連の能力や志望大学に入学できる学力を獲得していると考えていた。国際性・英語関連の能力を獲得しているためと考えているのは，先にみた授業内外の学習で英語での情報収集を広範かつ大量に行っている結果と考えられる。さらに，志望大学に入学できる能力を獲得していると考えているのは，DPでの学びで培った能力が，大学に入学すること，さらには入学後の幅広い学びにつながるものであると考えているためであろう。上記以外のコンピテンシーについて，能力獲得の度合いに関する考えに差が見られなかったのは，ヤマモトら（Yamamoto et al., 2016）の結果と同様である。国語（現代文，古典等）の知識をDP生がnon-DP生よりも獲得していないと考えているのは，高校入学前の海外での学校経験やIBでは古典を扱う時間が少ないなどの影響も考えられる。

6. 調査結果からみえてきたDP初年度生の傾向と今後の課題

最後に，本章でみえてきたDP初年度生の傾向と今後の課題を述べる。東京大学社会科学研究所・ベネッセ教育総合研究所（2021）が行った全国の高校生を対象とした調査結果（n＝4,395）と比較すると，調査協力校の生徒らは，DP履修の有無にかかわらず，学習指導要領（2017・18年告示）が推進するICTを活用した学習やグループで調べたり考えたりするといった探究学習を積極的に行っている様子がうかがえた。しかし，このように積極的に探究学習を行う調査対象校であっても，DP生とnon-DP生の間で，授業内・外の学習や放課後に費やす学習時間，彼／女らが身についていると考えているコンピテンシーについて差異がみられた。すでに述べたDP生に特徴的に見られる探究学習，すなわち，海外の出来事や英語も含めた情報収集の広範さ，本を一冊読んだり，英語で書かれた文書を読んだりすること，論述文の作成や成果報告をする機会，

第Ⅰ部　国際教育としてのIB教育受容

教員や同級生からのフィードバックを得る経験を通じて，DP 生は高校の授業時間のみならず，放課後にも多くの時間を費やして学習に取り組んでいることがわかった。また，DP 生は non-DP 生と比較して，国際性や総合的な英語力，率先して行動する力を身につけていると考えていた。彼／女らの高校での学習経験を踏まえると，DP 生は，主体的に考え，行動する経験を多く積んでいる実態もみえてきた。

　ただし，本章の分析結果には課題も残る。その一つは，DP 生のサンプルサイズが少ないため，DP 生と non-DP 生の間で確認された有意差に影響を与えうる要因を統制した分析に至れていない点である。高校入学前の海外での学校経験の有無や IB 経験の有無，生徒の家庭の社会経済的地位などが DP 生に対して影響を与えた可能性もあるが，これらの影響を排除できていないであろうことに注意を払う必要がある。本章で取り上げた調査は，DP 初年度生を対象にした調査であるため，今後の 2 年間で DP 生と non-DP 生の学びの実態がどのように変化するのかについて，追跡調査を予定している。

　現在，日本における IB 生に関する実証的なデータは不足しており，まずは先導となるデータの蓄積が教育改革の状況把握に必要である。本稿が示す分析結果は，今後 IB 教育に関するデータに基づいた研究を深化させるための意義を有するのではないだろうか。

〔御手洗明佳，松本暢平，江幡知佳，齊藤貴浩，菅井篤，木村光宏，菊地かおり〕

注
1 質問紙は，執筆者らを含む『IB の教育効果に関する調査研究事業』共同研究チームで開発し，その経緯および質問紙は，筑波大学（2021）『「令和 2 年度 IB の教育効果に関する調査研究事業」2020 年度成果報告書』に掲載済である（pp.18-20）。（https://ibconsortium.mext.go.jp/wp-content/uploads/2021/10/20210331 令和 2 年度 IB の教育効果に関する調査研究事業 .pdf）

文献
荒牧草平・香川めい・内田康弘（2019）「高校教育研究の展開—学校格差構造から多様なリアリティへ—」『教育社会学研究』105，139-168.
荒牧草平（2002）「現代高校生の学習意欲と進路希望の形成—出身階層と価値志向の

効果に注目して―」『教育社会学研究』74，5-23

有海拓巳（2011）「地方／中央都市部の進学校生徒の学習・進学意欲―学習環境と達成動機の質的差異に着目して―」『教育社会学研究』88，185-205.

岩崎久美子（2018）「第Ⅱ章　諸外国の公立学校への導入の試み　日本：グローバル化とカリキュラム改革」岩崎久美子編著『国際バカロレアの挑戦―グローバル時代の世界標準プログラム―』明石書店，pp.155-173.

江幡知佳（2020）「米国における国際バカロレア教育効果研究の系譜―ディプロマ・プログラムに焦点を当てて―」『国際バカロレア教育研究』4，15-21.

渋谷真樹（2016）「国際バカロレアにみるグローバル化と高大接続―日本の教育へのインパクトに着目して―」『教育学研究』83（4），423-435.

渋谷真樹（2020）「国際バカロレアが育成するコンピテンシー―学習者への聞き取り調査から―」『国際バカロレア教育研究』4，23-28.

須藤康介（2010）「学習方略が PISA 型学力に与える影響：階層による方略の違いに着目して」『教育社会学研究』第 86 集，139-158.

中央教育審議会（2008）『学士課程教育の構築に向けて（答申）』（https://www.mext.go.jp/component/b_menu/shingi/toushin/__icsFiles/afieldfile/2008/12/26/1217067_001.pdf）（2022 年 1 月 17 日閲覧）

中央教育審議会（2021）『「令和の日本型学校教育」の構築を目指して～全ての子供たちの可能性を引き出す，個別最適な学びと協働的な学びの実現～（答申）』（https://www.mext.go.jp/content/20210126-mxt_syoto02-000012321_2-4.pdf）（2022 年 1 月 17 日閲覧）

筑波大学（2021）『「令和 2 年度 IB の教育効果に関する調査研究事業」2020 年度成果報告書』（https://ibconsortium.mext.go.jp/wp-content/uploads/2021/10/20210331令和 2 年度 IB の教育効果に関する調査研究事業.pdf）（2022 年 3 月 30 日閲覧）

東京大学社会科学研究所・ベネッセ教育総合研究所（2021）『子どもの生活と学びに関する親子調査 2020（ダイジェスト版）』ベネッセ教育総合研究所．（https://berd.benesse.jp/up_images/research/oyako_tyosa_2020.pdf）（2021 年 12 月 12 日閲覧）

鳶島修治（2016）「読解リテラシーの社会経済的格差：PISA2009 のデータを用いた分析」『教育社会学研究』第 98 集，219-239.

樋田大二郎・耳塚寛明・岩木秀夫・苅谷剛彦（2000）『高校生文化と進路形成の変容』学事出版.

耳塚寛明・岩木秀夫編（1983）『現代のエスプリ―高校生―』195 号，至文堂.

文部科学省（2017）『生活・総合的な学習の時間ワーキンググループ議論のまとめ』（https://www.mext.go.jp/b_menu/shingi/chukyo/chukyo3/064/siryo/attach/1379020.htm）（2022 年 1 月 17 日閲覧）

Caspary, K. (2011). *Research Brief: Postsecondary Enrollment Patterns of IB Certificate and Diploma Candidates from US High Schools.* Menlo Park, CA: SRI International.

Duevel, L. M. (1999). *The International Baccalaureate Experience: University Perseverance, Attainment, and Perspectives on the Process.* West Lafayette, IN: PhD thesis Purdue University.

Higher Education Statistics Agency (HESA). (2016). *International Baccalaureate Students Studying at UK Higher Education Institutions: How Do They Perform in Comparison with A Level Students?* Cheltenham: HESA.
(https://www.ibo.org/contentassets/d74675437b4f4ab38312702599a432f1/hesa_final_report.pdf) (2022 年 1 月 17 日閲覧)

International Baccalaureate Organization, (2022). Find an IB World School
(https://www.ibo.org/programmes/find-an-ib-school/?SearchFields.Region=&-SearchFields.Country=&SearchFields.Keywords=&SearchFields.Language=&-SearchFields.BoardingFacilities=&SearchFields.SchoolGender=) (2022 年 1 月 17 日閲覧)

Lee, M., Spinks, J. A., Wright, E., Dean, J., & Ryoo, J. H. (2017). *A Study of the Post-Secondary Outcomes of IB Diploma Alumni in Leading Universities in Asia Pacific: Report for the International Baccalaureate Organization.* Bethesda, MD: International Baccalaureate Organization.

Rohlen, T. P. (1983) *Japan's High School*, University of California Press. (ローレン, T. P. 著, (1988) 友田泰正訳『日本の高校―成功と代償―』サイマル出版会)

Tan, L., & Bibby, Y. (2010). PYP and MYP student performance on the International Schools' Assessment (ISA).

Yamamoto, B. A., Saito, T., Shibuya, M., Ishikura, Y., Gyenes, A., Kim, V., Mawer, K. and Kitano, C. (2016). *Implementation and Impact of the Dual Language International Baccalaureate Diploma Programme (DP) in Japanese Secondary Schools: Final Report.* Bethesda, MD: International Baccalaureate Organization.

第Ⅱ部

高等学校・大学間の教育接続
―学習観と大学入試に着目して―

　第Ⅱ部では高等学校・大学間の教育接続について，学習観と大学入試に着目して論ずる。

　第5章では，DP生の高等学校段階と大学入学後の学習経験を比較し，知識や学習に対する捉え方の差異を明らかにする。それとともに，クロー (Krogh, Georg von) の組織認識論に着目し，DPと大学との接続の在り方を検討する。

　第6章では，IBの学習者像と学力の三要素を対比させながら，大学に入学してくるIB生がどのような特徴をもっているのかを整理する。IBDPを修了し，IB資格を取得した者を大学に受け入れる意義について，国立大学を例に入試選抜の特徴を概観したうえで検討する。

　第7章では，IBを活用した入試が実施された経緯と背景を政策の流れから整理し，国際教育資格の大学入試における入学者選抜の認証評価を概観する。それとともに，日本でのIBを活用した入試の現状と課題を明らかにする。

第5章

国際バカロレア・ディプロマプログラムの前提にある知識や学習に対する考え方が高大接続に示唆するもの

> キーワード：知識観／学習観の相互作用，高大接続，学習経験の差異，DP 生の葛藤

1. はじめに

　国際バカロレア機構（以下，IBO）が提供するプログラムの中でもディプロマプログラム（以下，DP）は高大接続において「幅広い知識を早く正確に再生することを重視する，従来から日本で行われてきた大学入試」に対抗する「特定の課題を深く探求し論理的に表現させる，欧米由来の」新たなルート（渋谷，2016，p.49）である。このことから，渋谷（2016）は，日本の大学入試とディプロマプログラムの入試は考え方の差異から両立できるようなものではないという学校管理職の声を報告している。しかしながら，その考え方の違いが何を引き起こしているかについて今まで具体的に言及されてこなかった。そこで，本章では，国際バカロレア（以下，IB）校から日本の大学に進学を希望する高校生に絞って，日本の高大接続の前提に存在する問題を知識や学習に対する考え方の観点から考察する。

　本章は次のように展開する。2 節では，DP 生の学習経験と日本の大学の対応性について知識や学習に対する考え方に焦点化して述べる。3 節では，DP がもつ知識や学習に対する考え方と日本の大学がもつ知識や学習に対する考え方が衝突する例を入学前後に分けて説明する。4 節では，DP 生などの大学に近い知識や学習に対する考え方を持っている学生が日本の大学に適応できるようにするために，大学に存在する知識や学習に対する認識を明らかにする研究

第Ⅱ部　高等学校・大学間の教育接続

が必要であることを示したい。

2. DP 生の学習経験と日本の大学の対応性

(1) 日本の大学が求める知識や学習に対する考え方

　日本の高校と日本の大学が念頭に置く学び方の違いは知識や学習に対する考え方の違いから発生している。鈴木 (2004) は高校までの知識は定型的で，変化しないものであり，正解は唯一無二であるとする。鈴木 (2004) によれば，この発想に基づくが故に，高校ではすでに定められた仮想現実的な問題を演繹的に，素早く解答できるかが問われると述べている。それに対し，大学は知識が可変的であり，問題そのものの存在が不明確であるという。大学における，問題の設定は，現実的世界の状況性に影響される。問題を見つけるのも，解決するのも自ら行う必要がある (鈴木，2004, p.122)。だからこそ，自ら問いを立てて，その問いを軸にあらゆる分野の知識を狩猟し，再編集することが必要になる。つまり，日本の高校が知識の暗記や定型的な理解の速度を重視し，一方，大学では探究を重視するという学び方の違いは，根本的には知識や学習に対する考え方の違いにある。

　大学に入学したての学生たちはこの大学がもつ知識や学習に対する考え方と，高校がもつ知識や学習に対する考え方の違いに苦しむ。神藤・伊藤 (2000) は，京都大学の学生に高校から大学に進学したことで，学習の仕方がどのように変

表 5.1　高校までの学びと大学の学びとの違い

高等学校まで	大　　学
・特定・恒常的知識	・非特定・可変的知識
・演繹的思考	・演繹＋帰納的思考
・問題は明解	・問題の存在が不明確
・正解は唯一無二・定型的解答	・複数 or 曖昧な正解
・正確さと速さを競う	・解答を状況に応じて表現し伝達する
・仮想現実的世界	・極めて現実的世界

出所：鈴木 (2014) p.122

第5章　国際バカロレア・ディプロマプログラムの前提にある知識や学習に対する考え方が高大接続に示唆するもの

化したかを回想法で尋ねている。その返答の多くは高校からの学び方と大学で
の学び方の違いに苦しんでいるが、その学び方を変えるつもりはないというも
のであった。例えば、ある工学部の男子は「高校時の理系科目の勉強は問題集
中心（これはほとんどの人がそうだろう）だったので、大学では公式の暗記以外
することがなくなっている。（原文ママ）」（神藤・伊藤、2000、p.47）という。彼
は高校と大学の違いとして、問題集の有無を挙げ、問題集がないため、自分で
勉強できないという。また、法学部の女子も考える授業が増えたにもかかわら
ず、そこに面白さは感じないといい、学び方としては、問題集がないため、友
達のノートを覚えるという手法を用いているという（神藤・伊藤、2000、p.48）。
これは、高校で手に入れた知識や学習に対する考え方を大学で求められる知識
や学習に対する考え方に変えられないことで発生しているといえる。このこと
から、知識や学習に対する考え方により、学生が高校と大学の違いに葛藤して
いることがわかる。

(2) IBDP 生に対する日本の大学の評価

　上記のような大学が求める能力を満たしているからか、DP は、日本の大学
から高く評価されている。大阪大学の山本・石倉（2013）は、大阪大学人間科
学コースに進学した DP 修了学生と一般の学生の違いをコース所属の 8 名すべ
ての教員にインタビューしている。その結果、批判的思考や書く能力に関して
はすべての教員が DP 修了学生の方が、一般的な学生よりも能力が高いと断言
しているという（山本・石倉、2013、p.344）。また、津川・石倉（2015）は、国内
で特に知名度の高い国公立私立合わせて 25 校の大学入試担当すなわちアドミ
ッション・オフィスにオンラインアンケートを実施している。その結果、「IB
修了者に期待することとして、語学力、批判的思考力、グローバル化のリーダ
ー的役割などの従来の入試では測れないグローバル人材としての能力が期待さ
れている」（津川・石倉、2015、p.113）と報告している。これらの評価から DP
の学生は日本の大学の教員、アドミッション・オフィス両方から高く評価され
ているといえる。つまり、DP の学生は日本の大学から大学教育を受けるのに
相応しい能力をもっていると評価されていると考えられる。

(3) DPがもつ知識や学習に対する考え方と大学がもつ知識や学習に対する考え方の対応性

DPが日本の大学から高く評価される理由は，DPがもつ知識や学習に対する考え方と大学がもつ知識や学習に対する考え方が共通しているからであると思われる。DPは探究・行動・振り返りのサイクルによって，成立しているプログラムである（国際バカロレア機構，2015）。また，矢野（2012）によれば，DPは通常の教科学習の他，卒業論文としてのEEで論文の作成が求められる，現実の状況における知識とは何かを検討し，文化への寛容性を育成する知の理論（TOK）を受講している，芸術活動や自らの健康を振り返る活動，奉仕活動の総体である創造性・行動・奉仕（CAS）を受講しているという特徴がある（矢野，2012）。この探究を重視するDPのプログラムは，鈴木（2004）が指摘する大学の知識や学習に対する考え方に位置づけられる。なぜなら，探究という学習のプロセスは可変的な知識を想定しなければ，成立せず，その表現の仕方が問題になるのは，現実の状況が想定される場合だからである。つまり，DPは，大学がもつ知識や学習に対する考え方を普段の授業の中で身につけられる設計になっているため，日本の大学から高く評価されるのだと思われる。しかし，実際にそうとは言い切れないのではないか。

3. DP生が直面する葛藤

(1) DP生がもつ知識や学習に対する考え方が葛藤を生む可能性

DP生がもつ知識や学習に対する考え方は大学入学前や入学後には葛藤を生む可能性がある。DP生は普段から暗記よりも，自ら考える学習を続けている。それに対し，一般の受験生は，反復的な学習法を常識としている。このような違いは，考え方の衝突を生む可能性がある。久保田（1995）は，大学が求める知識や学習に対する考え方を構成主義，その反対に，高校が求める知識や学習に対する考え方を客観主義といい，両者はお互いが同じ言葉を用いたり，行動したりしていても，異なる意味を指す場合があるため，折衷できないとしている（久保田，1995，p.227）。以上の理由から，DP生は入学前や入学後に異文化

衝突のような形で葛藤を起こす可能性が指摘できる。

(2) DP生がもつ知識や学習に対する考え方が引き起こす入試制度との葛藤

　DP生が選抜によって異文化衝突のような葛藤を感じる要素として，福嶋・江里口・飯野（2019）が，国内大学受験数の制限・推薦入試の有無と時期・国内大学の一般入試対策・科目選択の4つであると明らかにしている。1点目に，IBDP認定校が他のコースとの公平性確保を理由に，国内大学受験数を制限している問題である。2点目に，推薦入試が存在しない事例や，推薦入試・特別入試の出願時期とIBDP資格試験の時期が重なったという問題である。3点目に，国内大学の一般入試対策とIBDPの入試対策の不一致に葛藤するという問題である。4点目に，特に理系の国内大学進学を目指す場合，DPで必要な科目を学校が開講していない場合があるという問題である（福嶋・江里口・飯野，2019）。

　このうち，DP生の知識や学習に対する考え方が問題を引き起こしていると思われる1つ目の問題は国内大学の一般入試対策に関する話題である。福嶋・江里口・飯野（2019）の調査では，一般入試を受験するIBDP生からは「一般受験をするにあたり，すごく焦っている。日本語の小論文は語彙が心配。」（p.36）と日本語を使用した受験を不安視する意見や，「IBでは古典とか漢文とかやらないが，一般入試はそれらが出る。そのため今は知識を詰め込んでいる。また古典と漢文では点数が取りにくいので，現代文を実施している大学に出願を絞った。」（p.36）とDPでは履修していない科目に対する対応策を確認することができたという。

　DP生の知識や学習に対する考え方が問題を引き起こしていると思われる2つ目の問題は特に理系の国内大学進学を目指す場合，DPで必要な科目を学校が開講していない場合があるという問題である。IBDPを利用した大学入試を実施している大学の中には指定の科目の履修を要求している大学もある。福嶋・江里口・飯野（2019）の研究においてインタビュー調査を実施した生徒は，医学部への進学を志望しており，理系科目（IBDP）の少ない学校から，理系科目

（IBDP）の充実している学校へ転校したため，医学部の受験資格が得られた。その生徒は「元々いた学校では，（開講している理系科目が少ないため）医学部は受験できなかった。」（p.37）と語っていた。

　この2つの問題は，DP生の知識や学習に対する考え方と日本の大学入試がもつ知識や学習に対する考え方が衝突している事例といえる。IBDP生は日本の一般入試を受験する場合，文脈化されていない知識を正しいものとして，暗記せざるを得なくなるため，大学がもつ知識や学習に対する考え方に基づいて学習していた彼らは混乱してしまう。加えて，IBDP生は知識を普遍的・体系的なものであると捉えている可能性が低いのに対し，多くのIB入試担当の大学教員は，知識には基礎的な順番や普遍的な体系性が存在すると考えている。

　実際，津川・石倉（2015）は，大学で入試を担当する人間は教職員である場合が多く，その教職員は「理数系の学力」が不足していると考えていると報告している（津川・石倉，2015，p.114）。また，江幡（2020b）においてもアドミッションセンターの教員が他の教員から基礎学力に関する不安を聞くことが多い実態を報告している（pp.10-11）。ここには，ある一定程度身につけている知識がなければ，実行できない物事が存在するという前提がある。けれども，彼らがDPで学んだ知識や学習に対する考え方は，知識は可変的なものであり，属人的なものであるという考え方である。このように，DP生の知識や学習に対する考え方と日本の大学入試がもつ知識や学習に対する考え方は明確に衝突している。

(3) DP生がもつ知識や学習に対する考え方が引き起こす入学後の葛藤

　DP生の知識や学習に対する考え方は入学前にすでに既存の知識や学習に対する考え方と衝突する現状が見えてきた。DP生たちは入試制度を通して，自分たちが受けてきた教育の価値観がマイノリティーであることを自覚する。しかし，DP生達の葛藤は入学後も続く。DP生が入学後に抱く葛藤については，江幡（2020a）や福嶋（2022）がDPと大学の学習について比較するインタビューを行っており，その結果，DP生が大学入学後，学習に対して物足りなさを感じていることを報告している。

江幡（2020a）は，DP生が入学後に抱く葛藤として思考力よりも暗記力が求められる点を挙げている。その一人，Cは次のように語ったという。

> TOKって，例えば学校で教えられることは正しいのかみたいなのを疑わせるレベルで全て疑わせてくる科目なんですけど，日本の大学って疑うことを逆に許さないというか。先生が言ったことを，大学とか授業のタイプにもよると思うんですけど，（所属大学の）大半の授業は，先生が言ったことをそのままうのみにしてそれを試験で出すっていう方法なので……それ（知の理論）は応用できないなと思いましたね。
> 　　　　　　　　　　　　　　　　　　　　　　　　　　　（江幡，2020a，p.103）

このCの語りはDPで学んだ疑う力すなわち思考力を生かす機会になっていないことに葛藤している学生が存在することを意味する。この点は多くのDP生が認識していたと江幡（2020a）は述べている。その代表的な語りとしてMの語りを江幡（2020a）は引用している。

> （大学では）試験に向けて勉強するとなると，言われたことを全部覚えてっていうことが多かったりもするし。論述形式の試験でも，自分の考えを述べるというか，自分の立場表明をするっていうことよりは，事実を書くっていうことの方が多くて。……そこでやっぱりつまらないなっていうふうに感じています。
> 　　　　　　　　　　　　　　　　　　　　　　　　　　　（江幡，2020a，p.104）

このMの語りからは，大学の試験が高校と異なり論述等であったとしても問われていることが事実的な知識であるゆえに自ら考えることを求められていると感じず，モチベーションが上がらない学生が存在することがわかる。このように，江幡（2020a）から，DP生が入学後，思考力を求められにくい状況に葛藤している様子を捉えることができる。

　福嶋（2022）においても，ディスカッションという観点からDPの知識や学習に対する捉え方と大学の知識や学習に対する知識や学習の捉え方が衝突していることがわかる。例えば，Oは高校の時の授業はディスカッションを中心としていたにもかかわらず，大学では教科書の内容を覚える授業になってしまったと語る。

> 　1年生の頃は授業に対する満足度は20％くらいでした。高校の時は皆でディス

カッションして，なぜそうなってしまったのかという理由を考えるのが授業の
メインだったんですが，大学はただ教科書の内容を覚えるっていう内容がメイ
ンになってしまいます。理系の方に進んでしまったのでしょうがないですけど。
なんでわざわざ授業受けなければいけないのかなと思っていました。全く面白
くなかったです。
(福嶋，2022，p.131)

Ｏは，大学入学後，教師が一方的に話す授業に辟易としていたようだ。
また，議論の不足を問題に感じる IBDP 生であるＣは，その質にも不満を
感じていた。Ｃは，大学進学後の議論の質が低下していると語る。

ディスカッションは IB の時の方が深かったと思います。意見の深さは IB 生の
方が深いと思います。例えば，ディスカッションの中で，意見を求められて返
す時に，意見の質は IB の時の方が高かったです。生徒のレベルはディスカッシ
ョンに関しては，IB の方が高いと思います。単純にディスカッションに慣れて
いるんだと思います。大学のクラスの中に IB を取ってた子もいたりして，レポ
ートも慣れていると思います。
(福嶋，2022，p.114)

Ｃは，意見を求められた際の IBDP 生以外の学生の質が低いと語る。
同じく，Ｐも議論の質は周囲の大学生の要因が大きいと語る。

(大学では) ディスカッションが深まらないのは，生徒の要因が大きいと思います。
先生はトピックを抽出し，環境を整えてくれているんですが，生徒の読み込み
が浅いんです。(大学では) 一回さーっと読んでみて，疑問を持ったところに印
をつけて，作者の時代背景や宗教観とか，下調べをしてディスカッションに臨
んでいます。でも，その子たち (DP を受講していない大学生)，教科書に書い
ている知識は，よく知っているんです。
(福嶋，2022，pp.95-96)

Ｐも他の学生が議論の前に他のことと関連づけたり，下調べしたりできない
と，IBDP 以外の学生の存在について語っている。
Ｏ，Ｃ，Ｐの語りからは，自分たちの学習の仕方と一般学生の学習の仕方の
違いにギャップを感じている様子がうかがえる。DP 生はプログラムの性質上，
ディスカッションやアカデミックライティングを中心とした教育を受けてきた。
それに対し，一般学生は渡辺・島田 (2017) が示すように，ディスカッション
やアカデミックライティングなど表現に関する教育を満足に受けていない。そ

のため，DP 生は一般学生が，ディスカッションなど自ら考えたり，表現したりする授業形式に慣れておらず，授業の質が低下していると考えている。このことを C は慣れの問題であると述べている。福嶋 (2022) における DP 生の語りから，自分たちが受けてきた教育と一般学生が受けてきた教育の違いを実感している様子がよくわかる。

しかし，C が言うように，一般学生がディスカッションなどの教育スタイルを把握できると，DP 生と一般学生の衝突がなくなるほど，事態は単純ではない。DP 生の場合は，知識は文脈的であり，普遍的知識など存在しないという前提の教育を受けている。だからこそ，自分で表現したり，ディスカッションしたりする時間が設定される。一方，一般学生の知識は固定的であり，正解が存在するという前提がある。久保田 (1995) は前者を構成主義，後者を客観主義と呼び，両者は同じ言葉を用いていても世界の捉え方が根本的に異なるため，絶対に交わることはないと述べている。つまり，日本の大学に入学した DP 生と DP 以外の学生は知識や学習に対する考え方が全く異なるために，お互いのことを理解することが非常に難しくなる。

4. DP 生がもつ知識や学習に対する考え方による葛藤から 考える今後推進すべき高大接続に関する研究

このように，先行研究を知識や学習に対する考え方の違いという観点から捉えると，IBDP 生が大学進学によって体験する葛藤は単なる学習方法の違いではなく，IBDP がもつ構成主義という認識論から発生していることが明らかになった。実際，上記では一般入試に戸惑う DP 生や，DP 以外の学生との学び方の違いに葛藤している様子が見られる。この DP 生の混乱から，私たちは日本の高大接続を成功させるために，どのような研究をする必要があると考えられるだろうか。最後に，DP 生がもつ知識や学習に対する考え方による葛藤から今後の高大接続に必要な研究を経営学における「組織認識論」の中でも特にクロー (2010) の観点から説明する。

第Ⅱ部　高等学校・大学間の教育接続

（1）高等教育における知識や学習に対する考え方に関する研究の現状と その問題点

　従来，高等教育論においては，認識論的信念というテーマで知識や学習に対する考え方についての研究が行われてきた。認識論的信念を Hofer & Pintrich (1997) は，「どのように，個人が知るのかなど，知識に対して，個人が有する理論や信念であり，このような知ることに対する前提はその人の思考や論理づけに影響を与える一部である」(p.88)（私訳）と定義している。この定義に基づき，高山 (2011) は，中学生と大学生の認識論的信念を比較し，中学生から大学で教育を受けるにつれて，理解を重視するようになるという結果を示している。また，平山・楠見 (2010) は，認識論的信念と批判的思考態度との関連を明らかにしている。さらに，Wayne & Holschuh (2010) は，学習とは何なのか，知識とは何なのかを考える時間を作ることで，大学生の学習改善を図る提案をしている。

　これまでの「認識論的信念」に関する研究は，集団を対象にしていない，認識論的信念が組織に与える影響がわからないという 2 つの問題がある。1 点目に，個人を対象としており，その相互作用性や異なる認識論的信念の衝突の問題に触れていないという問題である。2 点目に，認識論的信念は経験としての信念が行動を規定していると考えているが，前田 (2005) のいうように，信念は経験からの現象的な質を伴うものとは別で理解される必要がある (p.132)。つまり，信念・知識としてそのように「思っている」ことは実際にそのように行動することを保障しない。このように，「認識論的信念」に関する研究は個人の表象を対象としている故にその相互作用性と集団への影響，認識論の衝突に関する視点を持っていないという課題がある。そこで，個人の認識論をクロー (2010) がいう組織認識論の視点から捉え直したい。

（2）個人の認識論を乗り越える可能性を持つクロー（2010）の組織認識論

　クロー (2010) がいう組織認識論はこの「認識論的信念」を乗り越えることができる。クロー (2010) がいう組織認識論は表象主義の代わりにオートポイエーシスという考え方を取る。オートポイエーシスの提唱者であるマトゥラー

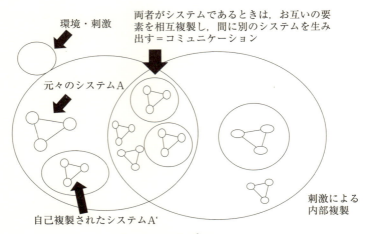

図5.1　オートポイエーシス
出所：マトゥラーナ&バレーラ（1997）の説明を元に筆者作成。

ナ&バレーラ（1997）によれば、①知覚を決めているのは過去の自己複製されたシステムによるという（pp.65-77）。②そのシステムに基づいて外からの刺激を解釈すると自己複製が発生する。③自己複製したものを自身の中で結びつけ直し、システムを新たに作り上げる（自己言及）（pp.109-114）。④このシステムにより新たな認知が発生する。この時、外部も要素の関連であるシステムであったときには、お互いのシステムをコピーした新たなシステムすなわちコミュニケーションを生み出す（p.227）。例えば、本を理解できたときに、自分が時間をかけ、努力してその内容を読み解いたと多くの人は思っている。しかし、この理論からいえば、実は自分が変化することで本が読めるようになったといえる。オートポイエーシスを採用することで、個人の行動を個人の信念だけで規定するのではなく、周囲のもつ信念と個人のもつ信念の相互作用の観点から知識や学習に対する考え方を扱うことができる。人間は自分の信念とは異なる行動をしてしまうことがある。これにより、組織認識論は実際に機能している可能性が高い認識の問題を初めて議論できるようになる。

　クロー（2010）はこのオートポイエーシスの観点から、スケーリングという研究の発想を示している。スケーリングとは、そのシシテムがその規模等に関

係なくいかに相似形をもつかということを意味する（pp.78-80）。クロー（2010）は組織においては語法・議論の構造がスケーリングすると挙げている。もちろん，このほかにも組織構造やグループの出来上がり方などからも知識や学習に対してどのような考え方を持っているかを探ることができよう。例えば，江里口（2021）は教師がもつ知識イメージをビジュアルデータとして集め，その共通性や相違点を検討している。大学の組織文化を検討するうえでは，この方法を応用し，どのように知識イメージが関連し，自己増殖するかを捉えることで，現在の学生の葛藤を生み出すシステムの全体像を見ることができるようになるだろう。ただし，この時，その知識イメージを信念の表象として捉えるものではなく，環境までに拡張された身体システムと捉えることに注意が必要である。その際には，「組織構造についての記述」「手続きとマニュアル」「ポリシー」「ステークホルダーへの報告書」「歴史に関する説明」（pp.146-147）と知識イメージの対応を見ていく必要がある。そのうえで，実際の実行動や議論の変化などの対応性を扱うことが求められる。

（3）クロー（2010）の組織認識論から考える今後必要な研究

　以上を踏まえて，「組織認識論」の観点から，今後の高大接続に必要な研究は1点目に，アドミッション・オフィスがもっている知識や学習に対する考え方が意思決定や制度設計にどのような影響を与えるのか検討することである。アドミッション・オフィスは大学が高校生を選抜する際の基準を決める役割をもつ。アドミッション・オフィスが持っている知識や学習に対する考え方が入試に影響している例は多くある。江幡（2020b）はIB入試の導入において共通テストと同様に基礎学力を担保できているかということが多くの大学で問題になるという。つまり，アドミッション・オフィスがもっている「基礎学力」という発想がIB入試の導入を妨害しているのである（p.11）。このように，アドミッション・オフィスに関わる教員や職員の知識や学習に対する考え方がどのような人材を受け入れるかという問題に直結する。だからこそ，アドミッション・オフィスで語られる「基礎学力」という言説がスケーリングする前提にある「組織認識論」を捉えることは重要である。

第5章　国際バカロレア・ディプロマプログラムの前提にある知識や学習に対する考え方が高大接続に示唆するもの

2点目に，「組織認識論」の観点から，今後の高大接続に必要な研究は，DP
のような大学が求める知識や学習に対する考え方をもつ学生と周囲の学生がも
つ知識や学習に対する考え方の相互作用の実態を検討することである。従来，
大学の選抜においては優秀な人間を選抜すれば，優秀な成果を出す可能性が高
いと捉えられてきた。実際，江幡（2020b）ではアドミッション・オフィスは，
IB 生が教室に入ることで，「その他の学生の積極性の実現」を目指していると
いう（pp.9-10）。しかしながら，先行研究から IBDP 生が一般学生との知識や
学習に対する考え方の違いに当惑し，IBDP で手に入れた考え方を適用できな
い可能性がある（江幡，2020a，p.109）といえる。加えて，近年の創造性に関す
る研究においては，そのような優秀な人間は他者と関わりながら革新的な創造
性を実現してきたという（ソーヤー，2009，pp.137-142）。これは，IBDP 生以外
の学生には関係ない話ではない。近年はオルタナティヴな教育の選択肢が増え，
大学が求める知識や学習に対する考え方をもとに教育が行われる事例が増えて
いる。だからこそ，そのような大学が求める知識や学習に対する考え方に基づ
いて教育を受けた学生とそうではない学生の相互作用を明らかにすることが求
められる。

　3点目に，「組織認識論」の観点から今後の高大接続に必要な研究は大学教
員がもつ知識や学習に対する考え方と大学生の研究行動の関係を明らかにする
ことである。石村（2000）や江幡（2020b）は基礎学力が存在するという発想が大
学教員には根強く存在するという。これは鈴木（2004）が示すような可変的・
文脈的なものが知識であり，それを主体が意味づけていくプロセスを学習と呼
ぶ考え方から乖離している。このことは，大学から創造的な研究がなくなって
いく原因になるのではないか。実際，アルヴェッソン＆サンドバーグ（2023）
は社会学・心理学・経営学・教育学系のジャーナル 119 本のリサーチ・クエス
チョンを調べ，そのほとんどが先行研究を無批判に受容し，その穴を埋める「ギャ
ップ・スポッティング」（pp.52-70）という方法に基づいた研究を行っている
と報告している。もちろん，ここには大学教員の昇進条件に論文刊行ゲームが
含まれるといった制度的問題も横たわっている（p.179）。しかしながら，アル
ヴェッソン＆サンドバーグ（2023）はその他の理由として「専門家集団の規範」

と「研究者としてのアイデンティティ」を挙げる。彼らは，社会学における「専門家集団の規範」として知識は蓄積的なものであるという「蓄積規範」とその一貫した知識体系すべてに言及すべきだという「言及規範」がギャップ・スポッティングな研究を増やすという（pp.182-183）。また，その規範を研究者は内面化してこの規範に従うことを周囲にも無意識に強制していくという（p.185）。確かに，江幡（2020a）は DP 生が TOK を大学の授業には適用できないと感じていると報告している。これは，アルヴェッソン＆サンドバーグ（2023）が，ギャップ・スポッティングな研究に対抗して提案している，先行研究の前提に挑戦する「問題化」という手法（p.87-97）を封じ込めていることを意味する。つまり，大学教員がもつ組織認識論が創造的な研究を阻害している可能性が少なからずあるということである。だからこそ，創造的な研究を推進する土壌を作るために，大学教員の組織認識論の検討は欠かせない。特に，湯川・坂無・村澤（2019）は現在の大学教員の研究は教師の文化レベルの検討や質的な研究はほとんど行われていないという（湯川ら，2019，p.85）。そこで，今後は，大学教員がもつ知識や学習に対する考え方がどのように大学生の研究行動につながるかを検討する必要があるのではないか。

5. おわりに

　本章は次のように展開した。2 節では，DP 生の学習経験と日本の大学がもつ知識や学習に対する考え方が一致しており，大学で適応できる可能性が高いことを示した。3 節では，それにもかかわらず，IBDP 生は大学が求める知識や学習に対する教育を受けたゆえに入学前・入学後に葛藤している現状を直近の研究である福嶋・江里口・飯野（2019），江幡（2020a），福嶋（2022）をもとに報告した。4 節では，IBDP における高大接続の現状から日本の高大接続を成功させるために，組織認識論の観点から，アドミッション・オフィス，学生集団，大学教員，3 層ごとにどのような知識や学習に対する考え方を持っているのかを探るとともに，その考え方はどのような点で衝突を起こしているのか，明らかにする必要性を述べた。

第 5 章　国際バカロレア・ディプロマプログラムの前提にある知識や学習に対する考え方が高大接続に示唆するもの

本章を通して，IB のディプロマプログラムにおける高大接続の現状から日本の高大接続を成功させるために，筆者らは今後，アドミッション・オフィス，学生集団，大学教員，3 層の知識や学習に対する考え方を明らかにする必要性があると結論づける。特に，従来注目されてきた学生集団以外にもアドミッション・オフィス，大学教員の知識や学習に対する考え方に関してもどのような文化が形成されているか，調べることで，従来の一般的な高校教育以外の教育を受けてきた生徒が大学に適応しやすくなる方法を検討することができる。加えて，一般の学生に対しても，高校から大学に入学する生徒が円滑に移行できるかという問題を明らかにする契機になると思われる。

（本章における意見・提案は，著者らの個人的見解であり，著者らの所属する組織の意向・見解とは一切無関係である。）

〔江里口歓人，山本純慈〕

謝辞

　本稿の執筆では，福嶋將人氏に，構成等について丁寧なアドバイスをいただいた。謹んでお礼を申し上げる。

文献

アルヴェッソン，M. ＆サンドバーグ，J.，佐藤郁哉訳（2023）『面白くて刺激的な論文のためのリサーチ・クエスチョンの作り方と育て方―論文刊行ゲームを超えて―』白桃書房.

石村雅雄（2000）「〈論稿〉高校と大学の接続に関する研究（その 3）：「学力」問題を手がかりとした中間総括」『京都大学高等教育研究』6，53-64.

ウェイニア，J. ＆ ホルシュ，J. P.（2010）「学生が学習者としての自分を理解することを援助する：学習に関する認識の指導（翻訳）」『リメディアル教育研究』5(2)，115-120.

江幡知佳（2020a）「高大接続制度としての国際バカロレア（IB）の汎用性に関する実証的研究―日本の大学に在学している IB 修了生の語りから―」『教育制度学研究』2020(27)，94-113.

江幡知佳（2020b）「日本の大学における国際バカロレア入試の意図と葛藤―「旧来型学力重視の選抜」―「新しい能力重視の選抜」という視角から―」『比較教育学研究』2020(60)，2-24.

第Ⅱ部　高等学校・大学間の教育接続

江里口愛那 (2021)「教師の持つ知識イメージの様相についての研究―国際バカロレア教育に焦点を当てて―」東京大学大学院教育学研究科修士論文.

久保田賢一 (1995)「教授・学習理論の哲学的前提：パラダイム論の視点から」『日本教育工学雑誌』18(3_4), 219-231.

クロー, G. von & ルース, J., 高橋量一・松本久良訳 (2010)『オーガニゼーショナル・エピステモロジー』文眞堂.

国際バカロレア機構 (2015)「DP：原則から実践へ」.

渋谷真樹 (2016)「国際バカロレアにみるグローバル化と高大接続―日本の教育へのインパクトに着目して―」『教育学研究』83(4), 423-435.

神藤貴昭・伊藤崇達 (2000)「〈論稿〉高校と大学の接続に関する研究 (その2)：大学の学業文化への参入と学習方略の変容」『京都大学高等教育研究』6, 35-52.

鈴木誠 (2004)「学ぶ意欲を引き出す授業とは何か：北大一般教育演習「蛙学への招待」の授業デザイン」『高等教育ジャーナル』12, 121-133.

ソーヤー, K., 金子宣子訳 (2009)『凡才の集団は孤高の天才に勝る』ダイヤモンド社

高山草二 (2011)「認識論的信念の次元に関する再検討―中学生と大学生の質的分析を通して―」『島根大学教育学部紀要 (人文・社会科学)』45, 57-62.

津川万里・石倉佑季子 (2015)「国内主要大学における国際バカロレア修了者受け入れの現状」『大阪大学教育学年報』20, 109-117.

平山るみ・楠見孝 (2010)「日本語版認識論的信念の尺度構成と批判的思考態度との関連性の検討」『日本教育工学会論文誌』34 (Suppl.), 157-160.

福嶋將人 (2022) 国際バカロレア修了者の高等教育に対する教育観―大学進学前後の期待と実態の乖離―筑波大学大学院教育学研究科修士論文.

福嶋將人・江里口歡人・飯野啓 (2019)「高大接続と国際バカロレアプログラムの課題」『国際バカロレア教育研究』3, 31-41.

前田高弘 (2005)「表象としての経験」『科学哲学』38 (2), 123-138.

マトゥラーナ, U. & バレーラ, F., 菅啓次朗訳 (1997)『知恵の樹』ちくま学芸文庫.

矢野裕俊 (2012)「国際バカロレアとの比較をとおしてみた高等学校教育課程の現状と問題点」『教育学研究論集』7, 27-34.

山本ベバリーアン・石倉佑季子 (2013)「国際バカロレアを修了した学生の特徴：大学「G30」英語による学部コースの実践から見た視点」『化学と教育』61 (7), 342-345.

湯川やよい・坂無淳・村澤昌崇 (2019)「大学教授職研究は何をなしうるか：成果と展望」『教育社会学研究』104, 81-104.

渡辺哲司・島田康行 (2017)『ライティングの高大接続―高校・大学で「書くこと」を教える人たちへ』ひつじ書房.

Hofer, B. K., & Pintrich, P. R. (1997). The development of epistemological theories:

Beliefs about knowledge and knowing and their relation to learning. *Review of educational research*, 67(1), 88-140.

第6章

日本のIB教育と大学入試への接続
──成果と課題

> キーワード：国際バカロレア，大学入試，学力の3要素，10の
> 学習者像

1．大学から見たIB教育の魅力

(1) 学力の3要素と10の学習者像

　IB教育の魅力を一言で述べるとすれば，大学が求める人材要件とIBが目指す10の学習者像との親和性の高さがあげられるのではないだろうか。10の学習者像とは，「探究する人」「知識のある人」「考える人」「コミュニケーションができる人」「信念を持つ人」「心を開く人」「思いやりのある人」「挑戦する人」「バランスのとれた人」「振り返りができる人」で，大学での教育や研究を進めるうえで，どれも基盤となる要件である。さらにいえば，大学での学びだけではなく，経済産業省が2006年に提唱した社会人基礎力（前に踏み出す力，考え抜く力，チームで働く力の3つの能力（12の能力要素）から構成されており，職場や地域社会で多様な人々と仕事をしていくために必要な基礎的な力）等にみられる社会人としても求められる資質に直結するものであると考えられる。もちろん，10の学習者像はIB教育の目標，すなわち目指すべき理想像であるため，IB教育を受け資格試験に合格したすべての人がすべての要件を身につけているとは限らないが，これまでIB教育を修了しIB資格（フルDP）を取得した者と接してきた範囲に限ってみれば，10の学習者像の中の多くの要件を有する人材の割合が高いという印象を受ける。では，具体的にIB資格取得者を受け入れる大学側から見たIB教育の魅力について見ていきたい。

令和3年度学校基本調査によると，高校卒業者の4年制大学への進学率は54.9%と過去最高の水準となっている。トロウ（Martin Trow）(1976) の高等教育発展段階説に従えば，現在の大学をはじめとする高等教育機関はユニバーサル・アクセス段階における万人の義務となっており，中村 (2012) が指摘する大学生の学力低下論の問題に多くの高等教育機関が直面している。各大学は，それぞれ入学者の受入方針であるアドミッションポリシーを受験者に示しているが，共通項目として重視される要件の一つが，大学の授業に対応できるための「基礎学力」であることはいうまでもないだろう。学力向上のための教育については，これまで体系的に知識を注入する系統学習の手法が詰め込み型教育としてたびたび批判され，教育内容を厳選し主体的に課題を発見し解決する力を養う生きる力を育もうとするゆとり教育との間で絶えず二項対立的な議論が繰り返されてきた (原，2005)。しかし，2007年の学校教育法改正において双方を重視する学力の三要素が示された後，2014年の中央教育審議会・答申では，大学入学者選抜において，各大学が学力の三要素を踏まえた多面的な選抜方法を取ることが提言された。具体的には，「知識・技能」「思考力・判断力・表現力」「主体性・多様性・協働性」の三要素すべてを評価の対象としつつ，特にどういった要素に比重を置くのかを，各大学が大学入学希望者に対して明確に示していくことが求められている。

　この提言自体に異論を唱える人はあまりいないと考える。なぜなら，学力の三要素は，大学での主体的な学びの推進に留まらず，大学卒業後の社会で生きるためにも欠かせないものだからである。しかし，実際の大学入学者選抜となると，主に，方法論と受験市場という2つの課題について慎重に議論を進めていく必要があると考える。前者は，一度の試験（一つの入試区分）で学力の三要素のすべてを評価対象とすることであり，後者は，国立大学の定員94,901人（令和4年度）のすべてを大学側が求める学力の3要素を満たした受験者でどのように確保するのかという議論である。

　こういった課題認識の中で，IB教育が理想として掲げる10の学習者像は，上記にあげた2つの課題解決に向けた議論を進展させる可能性があるのではないかと考える。つまり，10の学習者像，すなわち，IB教育プログラムは学力

第Ⅱ部　高等学校・大学間の教育接続

の三要素を育むための相当部分を網羅しており，IB教育を修了しIB資格（フルDP）を取得した者の受け入れを大学側が推進することは，求める人材要件の水準を落とすことなく入学定員を確保できる見通しを立てられる可能性が指摘できるからである。具体的には，前者について，あくまでもこれまでの入学者選抜の実施やIB生と接点を持った経験則の範囲に留まるが，仮説として，学力の三要素の「知識・技能」が10の学習者像の「知識のある人」，学力の三要素の「思考力・判断力・表現力」が10の学習者像の「探究する人」「考える人」，そして，学力の三要素の「主体性・多様性・協働性」が「コミュニケーションができる人」「信念を持つ人」「心を開く人」「思いやりのある人」「挑戦する人」にそれぞれ対応する部分が多いのではないかということである。さらに，10の学習者像の「振り返りができる人」は，学力の三要素の「思考力・判断力・表現力」を中心としながら複数要素を横断していると考えられる（Ennis, 2011）。また，「バランスのとれた人」についても，その言葉通り，三要素すべてを重視していることが考えられる。もちろん，前述したように，10の学習者像はあくまでも目指す理想の姿であって，IB教育を受け最終試験（資格試験）に合格したすべての人が身につけているとは限らないことが想定されるが，この点については，各大学の入学者選抜において口頭試問や面接等を課すことで概ね選別できるのではないかと考える。加えて，IB教育プログラムのうち，主に，中学校段階にあたるMYPと高校段階にあたるDPの2つのプログラムを設置している認定校については，MYP修了者の中で，DPを履修するのは一部の生徒に留まるケースが多いことをIB校で指導されている複数の先生方からお聞きしている。つまり，MYP修了からDPへの移行時にも10の学習者像を目指すための選抜機能が働いていると捉えることができるだろう。

(2)「創造性・活動・奉仕（CAS）」の重要性

　さきほど，10の学習者像の「振り返りができる人」「バランスのとれた人」は学力の三要素の中の複数要素を横断していることが考えられると述べたが，このうち，「バランスのとれた人」を育成するIB教育プログラムの必修要件の一つである「創造性・活動・奉仕（CAS）」の重要性について指摘したい。

IB 教育の中の DP では，母語，または，第一言語に相当する「言語と文学」，
外国語，または，第二言語に相当する「言語と習得」「個人と社会」「理科」「数
学」「芸術」の 6 科目と，コアと呼ばれる「課題論文（EE）」「知の理論（TOK）」
「創造性・活動・奉仕（CAS）」の 3 つの必修要件を 2 年間学び，主に，最終試
験によって学んだ成果が評価される仕組みとなっている。最終試験は 45 点満
点で，原則 24 点以上が合格となる。45 点満点の内訳は，1 科目 7 点満点（6 科
目合計で 42 点満点）と必修要件の中の「課題論文（EE）」と「知の理論（TOK）」
の組み合わせが 3 点満点となっている。一方で，もう一つの必修要件である「創
造性・活動・奉仕（CAS）」は最終試験において点数化されていないものの，履
修が完了しなければ，最終試験で合格点に達していても合格することはできな
い。したがって，DP の中で点数化されている科目と同様に重視されていると
考えることができるだろう。加えて，「創造性・活動・奉仕（CAS）」は 2 年間
にわたっての継続的な活動となっている。つまり，長期休暇中に集中的に取り
組めば事足りるという体験的な取り組みではなく，最終試験に向けた学業との
バランスを考えながら取り組み続けることが求められているのである。この教
育プログラムの仕組みが，学業と創造性や奉仕活動とのシナジー効果を生み出
し，自分と周囲の人々が幸せな生活を送るためには，知性，身体，心のそれぞ
れが不可欠であることを体感して理解するという「バランスのとれた人」を育
成しているといえるだろう。

2. 日本国内の大学入試における IB 枠導入の意義と現状

　第 1 節では，主に，IB の 10 の学習者像を学力の三要素と対比させながら
IB 教育プログラム（DP）の魅力について述べた。第 2 節では，IB 教育プログ
ラムを修了し IB 資格を取得した者を実際に大学に受け入れる意義について，
国立大学を例に，大学入学者選抜の特徴を概観したうえで考えてみたい。

(1) 大学入学者選抜の特徴（国立大学を例として）
　国立大学の学部入試形態は，大別すると，「前期日程」と「後期日程」の入

試区分を持つ「一般選抜」と「学校推薦型選抜」や「総合型選抜」等の「特別選抜」に分かれる。ここで着目したいのは、「一般選抜」と「特別選抜」の募集人員の割合を見た場合、「一般選抜」の募集人員の割合が全体の80.8％（令和4年度）を占めていること、および、その「一般選抜」では原則、大学入学共通テストが課されているということである。加えて、「特別選抜」である「学校推薦型選抜」や「総合型選抜」でもⅡ型[注1]では、「一般選抜」と同様に大学入学共通テストが課されるため、国立大学における募集人員全体の90％前後が、大学入学共通テストが課される入試区分ということになる。その大学入学共通テストでは、原則5教科7科目〜6教科8科目が課される。つまり、国立大学の入試の特徴は、基本的に幅広い教科・科目を課す大学入学共通テストを受験する必要があるということになる。

　一方、文部科学省（2020）が、国立大学に期待される機能と役割の中で、「地域の社会・経済・文化・医療・福祉の拠点として、それぞれの地域の個性や特色を活かす」と述べているように、国立大学は、教育学部や医療系の学部等において地域人材輩出の役割を担っている。令和3年度における国立大学への入学者数について、都道府県単位で見た場合の各都道府県内の占有率を出身高校所在地から見た場合、都道府県内占有率の全国平均は34.0％となっており、これに隣接都道府県の占有率を含めると50％を超える都道府県が多くなることが推測される（文部科学省、2021）。もちろん、国立大学によって状況は異なるが、全体的な傾向としてみた場合、大学に在籍する半数以上の学生が近隣の出身者で占められている国立大学が多いことが窺われる。

　つまり、入学者の共通項は、大学が所在する近隣地域の高校出身者を中心とした、幅広い教科・科目を学習し大学入学共通テストのハードルを乗り越えてきた者たちということになる。このことは、基礎学力の担保という観点から見た場合、大学入学後の授業対応に支障をきたすリスクを軽減させるものであり、また、近隣から多くの入学者を受け入れるということは、地域内への就職率の上昇等、地域の活性化に寄与するとともに、学生側から見た場合も住居費をはじめとする経済的負担の軽減につながりそれぞれにとって大きなメリットとなっていることが考えられる。しかし一方で、入学者の多様性が失われ、学生た

第6章　日本のIB教育と大学入試への接続

ちが授業やキャンパス内で触発される機会が少なくなっているのではという指摘がある（竹内，2019）。そのため，現状を基盤としながらも，多様な人材の受け入れを一層推進することの必要性が生じているといえる。

(2) 国立大学における IB 入試導入例

　前節で述べたように，国立大学の入学者選抜においては，大部分の募集枠で大学入学共通テストが原則 5 教科 7 科目〜6 教科 8 科目課されていることから，学力の三要素の中の「知識・技能」については，担保されていると考えることができる。また，募集枠の 66.9％（令和 4 年度）を占める一般選抜前期日程では多くの国立大学が，個別学力検査において記述・論述式の教科・学力試験を課しており，学力の三要素の中の「思考力・判断力・表現力」についても確認することができる。つまり，現在の国立大学の入学者選抜の枠組みにおいて，各大学が求める人材をある程度確保できていると考えることができるだろう。しかし一方で，学力の三要素の総合的なバランスを有する多様な人材の受け入れをより推進していくためには，引き続き入試改革を進めていくことが求められる。その改革の一環として，IB 資格取得者の受け入れは，学力の三要素の総合的なバランスを有する多様な人材の確保につながると考え，筆者がこれまで勤務してきた国立大学では，IB 入試の導入を推進してきた。本項では九州地区に所在する鹿児島大学における導入事例について見ていきたい。

　鹿児島大学は，9 学部を有する国立の総合大学であり，南九州地域の高等教育機関としての役割を担っている。また，学生ひとりひとりの潜在能力の発見と適性の開花に努めることを教育理念とし，自ら困難な課題に挑戦する「進取の精神」を持った人材育成を目指している。高等学校卒業者が主な対象となる学部入試では，毎年，9 学部あわせて 2000 人近くの学生が入学しているが，地元鹿児島県の高校からの入学者数の割合は例年 40％台前半，鹿児島県内を除く九州地区の高校からの入学者数の割合は 35％前後でそれぞれ推移しており，入学者の 80％程度が九州地区の高校からの出身となっている。また，入学者全体の 90％以上が大学入学共通テストの受験を経て入学しているため，基礎学力の担保という点から見れば，大学入学後の授業にほとんどの学生が概ね対

応できている。したがって，大学の教育・研究面から考えれば大きな問題は見受けられない。しかし，18 歳人口の減少傾向が加速する入試環境下で，基礎学力を有していることを前提とした多様な人材の安定的な確保が求められるなか，特に，グローバル人材の育成強化は大学としての喫緊の課題でもあったことから，IB 入試の検討が進められた。

その後，大学内で検討を重ねた結果，2016（平成 28）年 4 月入学生の入試より，鹿児島大学で IB 入試を導入することが決定し，2015（平成 27）年 9 月 20 日の記者会見において公表した。国立大学における全学部全学科での IB 入試の導入は 3 例目であり，九州地区では初めての実施となった。翌 9 月 21 日の新聞各紙には，鹿児島大学が IB 入試を導入することについての記事が掲載されたが，毎日新聞では当時の前田芳実学長の「語学力や学びへの主体性など，今までとは質が違う学生を積極的に受け入れる。一般学生も共に学び刺激を受けるだろう」というコメントが掲載された。まさに，鹿児島大学の IB 入試導入の狙いが凝縮されたコメントであったといえる。

鹿児島大学の IB 入試の特徴は大きく分けて三点あると考えられる。一点目は，全学部全学科で足並みを揃えて導入したことである。後藤（2004）が，「従来の国立大学は，ひとつの大学というよりはむしろ学部の連合体という色彩が強かった」と指摘しているように，大学内での意思決定は基本的に各学部の教授会に委ねられる。このような組織体の中で，全学部全学科で導入できたことは，鹿児島大学の各学部の先生方のご理解とご協力の賜物であり，受験生に対してもシンプルでわかりやすい入試とすることができたと考える。

二点目は，入試時期を 2 月としたことである。検討段階において，日本国内では秋に入試を実施している大学が多い傾向が見られた中で，あえて 2 月に実施することを決定したのは，日本国内の IB 認定校，特に一条校の IB 資格の取得時期を考慮したためである。2 月の実施では他の大学に進学が決定してしまい志願者がいなくなってしまうのではという危惧もあったが，最終試験の結果が判明する 1 月上旬以降に出願時期を設定した方が，IB 資格を取得した受験者が出願時に正式スコアを提出できるという点を重視した。

最後三点目は，大学入試センター試験（現在の大学入学共通テスト）を課さな

第 6 章　日本の IB 教育と大学入試への接続

い選抜方法を採用したことである。これは，IB教育に関わる方々から見れば，ごく当たり前のことと考えられるかもしれない。しかし，これまで大学入学後の授業に対応できる基礎学力を担保してくれていた大学入試センター試験（現在の大学入学共通テスト）を選抜方法から外すことは大きな決断であった。別の角度から見れば，大学内の多くの先生方がIB資格取得（フルDP取得）の価値を，大学で学ぶための基礎学力を含む質の保証という観点から認めてくださったということになる。したがって，選抜方法は，IB資格（フルDP）の取得と各学部各学科等で定めた履修科目と成績評価を出願資格として，あとは基本的には出願書類のみ，または，出願書類と面接という選抜方法を採用した。

（3）日本の国立大学における IB 入試の実施状況と募集枠・選抜内容の特徴

　前節では，鹿児島大学の導入事例について見てきたが，日本の国立大学における全国的な導入状況はどうなっているのだろうか。文部科学省IB教育推進コンソーシアムによると，2022年3月時点で国際バカロレアを活用した大学入学者選抜を実施している国立大学は20大学となっている。学部を有する国立大学は全国で82大学設置されているので，おおよそ4大学に1大学が活用しているということになる。また，国際バカロレアを活用した大学入学者選抜を実施している20の国立大学のうち，入試名称に「国際バカロレア」の表記がある大学は11大学となっている。本節では，この入試名称に「国際バカロレア」の表記があるのかどうかに着目して，日本の国立大学におけるIB入試の実施状況の特徴について見ていきたい。なぜ入試名称に「国際バカロレア」の表記があるのかどうかに着目するのかといえば，「国際バカロレア」の表記がある入試名称では，出願者を「IB資格者のみを対象」としているケースが多いのに対し，「国際バカロレア」の表記がない入試名称では，「IB資格取得者以外も対象」としているという特徴がみられるためである。近年の国際バカロレア教育の評価の高まりと国際バカロレア認定校の増加によって，国際バカロレア資格を大学入学者選抜の出願要件として活用する大学が国立大学においても20大学（24.4%）まで増加したことは前述の通りだが，受験生側の立場に立った場合，募集枠が「IB資格者のみを対象」なのか，または，「IB資格取

表 6.1　国際バカロレア選抜　「募集枠」と「選抜内容」のパターン

		選抜内容	
		小論文や筆記試験を課さない	小論文や筆記試験を課す
募集枠	IB 資格取得者のみを対象	パターン①	パターン②
	IB 資格取得者以外も対象	パターン③	パターン④

得者以外も対象」なのかは，各大学が IB 資格を入試における優遇措置という観点からどの程度重視しているのかを知る手掛かりとなるからである。具体的には，選抜内容において，「国際バカロレア」の表記がある入試名称では，選抜内容が「IB スコア等の出願書類や面接のみ」のケースが多くみられるのに対し，「国際バカロレア」の表記がない入試名称では，IB スコア等の出願書類や面接に加え，小論文や教科・科目の筆記試験を取り入れている大学が見受けられる点があげられる。

表 6.1 は，IB 入試の募集枠の形態（IB 資格取得者のみが対象なのかどうか）と，選抜内容（小論文や筆記試験を課すのかどうか）の二軸から，4 つの入試パターンに分類している。

パターン①は，IB 資格取得者のみを対象とし，小論文や筆記試験を課さないタイプで，パターン②は，IB 資格取得者のみを対象とするが，小論文や筆記試験を課すタイプである。パターン③は IB 取得者以外も対象となるが，小論文や筆記試験を課さないタイプで，パターン④は IB 取得者以外も対象で，かつ，小論文や筆記試験を課すタイプである。現在の日本の国立大学ではパターン①とパターン④が多く，パターン②もいくつかの大学や学部等で実施されている。一方，文部科学省（2019）が，AO 入試（現在の総合型選抜）について，大学教育を受けるために必要な基礎学力の状況を把握するため，各大学が実施する検査（筆記，実技，口頭試問等）や大学入試センター試験の成績を出願要件や合否判定に用いることを求めたことから，2022 年度入試において，パターン③に該当する選抜を取り入れている大学は見られない。

第 6 章　日本の IB 教育と大学入試への接続

この 4 パターンのうち，IB 資格取得者のみを対象とし，小論文や筆記試験を課さないパターン①については，大学入学者選抜ではあるものの，選抜以上に受験者と大学や学部等との入学後のマッチングや適性を重視したケースが多い印象を受ける。なぜなら，入学後の授業に対応できる基礎学力については，IB 資格取得やそのスコアによって，出願要件の段階ですでにクリアしているという考え方が根底にあるからである。受験者側にとっては，このパターン①が最も望ましい選抜形態であるといえるだろう。なぜなら，IB 資格試験と大学入試について並行して準備を進める必要がなく，IB 資格試験の対策に集中できるからである。加えて，マッチングや適性の重視であれば，受験者側も，出願前に出願する大学や学部等で学べる内容を調べているはずなので，アンマッチの確率は下がり合格率が小論文や筆記試験を課すパターン②やパターン④よりも高くなることが考えられる。一方，大学側にとって，パターン①の入学者選抜を実施することは，IB 教育プログラム自体への信頼度の高さであるといえる。つまり，IB 教育プログラムに対する大学で学ぶための基礎学力を含む質の保証という信頼が，パターン①の入学者選抜の実施につながると考えられるのである。

　次に，パターン②とパターン④についてだが，この 2 パターンについては，大学入学者選抜という観点から見た場合，大差はないといえる。なぜなら，両パターンとも，パターン①と比較した場合，選抜が前面に出た入試形態だからである。つまり，出願書類や面接を通して，受験者の学問に対する興味・関心と大学・学部等の教育・研究内容がマッチングし，受験者に学びの適性があることが確認できたとしても，基礎学力を含めた総合的な評価において募集人員の枠に入らなければ合格できないことになり，パターン①よりも合格率が下がることが想定される。また，受験者側にとっては，IB 資格を活かせるメリットは大きいものの，小論文や筆記試験等の準備の負担が大きいため，慎重な出願となるケースが多くなることが考えられる。一方，大学側にとっては，IB 資格に加え，小論文や筆記試験などの学力面を確認できることから，入学後の授業に対応できる質をより担保できるメリットがある。ただし，是非，入学してほしいと考える人材が小論文や筆記試験を課す選抜であるがゆえに，受験自

体を回避するデメリットが同時に発生することになる。

(4) 一人目の入学者の評価がもたらすインパクト

では，前節のような選抜方法で実際に入学した IB 出身者に対する各大学の評価はどのように決まっていくのだろうか。本項では，筆者自身のこれまでの約 10 年間の経験の範囲で述べてみたい。まず，着目したいのは IB 資格取得者のみを対象とした入試を実施する国立大学の募集人員は一部の大学や医学部医学科を除き「若干人」が多いということである（表 6.2）。つまり，実際の入学者は少数に留まるということになる。そうなると，IB 入試を導入した初期の段階では，まとまった入学者の状況をもとにした量的分析による評価は困難となり，よくも悪しくも一人目の受験者，一人目の入学者の評価が，全体の評価につながりやすいということがいえる。

例えば，筆者が以前勤務していた A 大学において，IB 入試を導入した B 学部では，はじめての受験者に対して面接を担当された先生方が，「IB 生は一般学生とは明らかに異なる資質・能力をもっている。すばらしい人材だ」と言って感動されていた。その受験者は合格したが，さらに，B 学部の先生方が喜んだのが，その受験者が合格後，辞退することなく入学してくれたことだった。

表 6.2　2023 年度国際バカロレア型入試　国立大学の募集人員

大学＼学部系統	人文系統	教育系統	法系統	経済系統	理系統	医・医	医・保健系統	心理系統	歯	薬	工系統	農系統	獣医	その他
東北	若干人		若干人		若干人	3				若干人	若干人	若干人		
筑波	若干人	若干人	若干人	若干人	若干人	3	若干人	若干人			若干人	若干人		若干人
東京医科歯科						2	若干人		若干人					
金沢	若干人	若干人	若干人	若干人	若干人		若干人			若干人	若干人			若干人
岡山	5	6	5	5	3	5	3		2	4	14	3		
広島	若干人	若干人	若干人	若干人	若干人	5	若干人		若干人	若干人	若干人	若干人		
香川		若干人	若干人	若干人		若干人	若干人	若干人			若干人	若干人		
九州工業											若干人			
鹿児島	若干人	若干人	若干人	若干人	若干人	若干人	若干人	若干人	若干人		若干人	若干人	若干人	若干人

出所：IB 資格取得者のみを対象とした入試を実施する主な国立大学の入学者選抜要項，または，学生募集要項を参照。

そして，入学後は，高い英語運用能力を含めた学業への取り組みはもちろんのこと，持ち前の主体性を発揮し，学部内の授業や活動で進んでリーダー的な役割を果たすなど，当初，大学側が期待した以上の活躍をしてくれていると聞いている。その結果，B学部では，多くの先生方のIB生に対する評価が高まり，今後も積極的にIB生を受け入れていきたいという雰囲気が醸成され現在に至っている。一方，A大学ではC学部でも，IB入試で受験者がおり，IBで学んだ入学生を受け入れた。しかし，この学生は，C学部で学んでいくために欠かすことのできない科目の単位取得に苦戦する傾向が見られているとのことであった。しかも，決して怠けているわけではなく，授業も毎回出席し熱心に取り組んでいるのに苦戦しているそうで，C学部の先生方からは，「IB出身者は，確かに一般選抜で入学してきた学生にはない特徴を持っているが，どうも基礎学力については不足気味のようだ。IB入試での受け入れはC学部では適さないのではないか」という声が出ている。

　この2つのケースからいえることは，いずれも一人目の受験者，一人目の入学者でIBの教育プログラムで学んだ者全体を評価してしまっているということである。この評価は，社会心理学でいうところのアンカリングといわれる認知バイアスがかかった現象であり，全体評価と一致するとは限らないが，最初の一人目の評価が全体の評価につながりやすいことを示している。IB入試が導入されるまで，実際にIB生との接点を持つ大学教員はそれほど多くないことが考えられる。だからこそ，大学教員とIB教育を修了しIB資格を取得した者の最初の接点が大きなインパクトをもたらすといえるだろう。

3. IB生受け入れの成果と見えてきた課題

　以上，日本国内の大学入試におけるIB枠導入の意義と現状について，国立大学を例として概観した。では，本節では，大学へのIB生受け入れのこれまでの成果と今後の課題を展望する。

(1) 成果

　現段階では定性的な効果に留まるが，次の二点をあげたい。

　一点目は，他の学生が IB 入試を経て入学した学生から触発され，成長する機会を多く得ているということである。触発は，語学力や授業に主体的に参加する姿勢，および，学生生活に臨む姿勢等，多岐にわたっている。今後，IB 入試を経た入学者が増えることで触発される学生が増えることが期待される。

　もう一点は，語学力の向上に興味・関心を持つ学生のための教育プログラムや語学力向上のための教育支援体制の整備が進んでいることである。例えば，鹿児島大学では，2018 年からどの学部に所属していても履修することが可能な「鹿児島グローバル教育プログラム」を開講している。このプログラムは，一部の全学必修科目を除きすべて英語で行われ，3 年次では海外実施体験が設定されたカリキュラムとなっている。また，1 年次から海外研修に参加できる国際教育プログラムの設置や，日常のキャンパスにおいて英語で留学生と日本人学生の交流活動が行えるグローバルランゲージスペースや外国語サロンが開設されるなど，キャンパス内において英語でコミュニケーションを取る光景が非日常から日常に変化しつつある。実際に，来訪者の方々から，「キャンパス内で普通に英語が話されているのですね」という感想をたびたび伺うようになった。

(2) 見えてきた課題

　一方で，実際に IB 入試を実施する過程で，成果とともに大学側にとっての課題も顕在化してきた。今後の課題として二点あげたい。

　一点目は，筆者がこれまで関わりを持った大学の範囲に限られるが，合格しても入学を辞退する者が多い（入学辞退率が高い）傾向が見られることである。国際バカロレア型の入試を入試区分で分類した場合，「IB 資格者のみを対象」であっても「IB 資格取得者以外も対象」であっても，多くの場合，総合型選抜に区分される。国立大学の総合型選抜について，国立大学協会（2022）は，合格した場合，「総合型選抜の趣旨からみて当該大学に入学手続を行い入学するのが当然である」という方針を示している。しかし，IB 入試の場合，総合

型選抜には区分されているものの，日本国内に留まらず，海外の多くの国々でも IB 資格取得者を対象とした入試が実施されているため，IB 資格取得者は国内大学，海外大学を含め試験日さえ重複しなければ自由に併願でき，複数の大学から合格通知を得ることが実質的に可能となっている。つまり，出願する大学は一大学で，合格したら入学するというこれまでの日本国内でのルールをそのまま適用することが困難になっていることが指摘できる。その結果，IB 入試で合格した者は，合格した大学・学部等の中から一つの大学・学部等に進学し，残りの大学・学部等への入学を辞退することになる。筆者自身，実際に IB 入試の実施を担当して肌身に感じたことは，この入学辞退率が想定以上に高かったことである。この入学辞退率が高いという問題は，受験者側から見た場合，何の問題にもならないが，大学側にとっては大きな問題となると認識している。なぜなら，実施コストに見合わない入試の募集枠と大学内でみなされ，継続的に実施していくことが困難となるケースが想定されるからである。いくら優秀な人材が受験してくれても実際に入学してくれなければ費用対効果に見合わない結果となってしまう。もちろん，私立大学においては，入学辞退者が出ることはこれまでの入試設計でもごく当然のこととしてあることや，大学や学部等の魅力を高めれば入学手続率は高まるのではないかという指摘もあるだろう。それらの指摘は確かにその通りではあるが，一方で，制度的に入学辞退者が出やすい制度設計であることは間違いない。したがって，IB 入試を継続的に実施していくためには，IB 入試においても一部の大学が取り入れている専願方式（合格した場合，入学を確約することを出願要件とする）を検討することも必要であると認識している。当然，専願方式にすれば，IB 資格取得者にとっては，出願しにくい大学となり志願者数が減少してしまうことになるが，重要なことは，大学としての募集戦略上の優先順位を明確にしておくことであると考える。

　もう一点は，地域貢献と経済格差の問題である。2022 年 3 月現在，IB 認定校を有するのは 24 都道府県，IB 認定校がないのは 23 都道府県と，都道府県別の認定校の有無は拮抗している。しかし，地域別にみると，東京や大阪等の都市部での認定校が多く，地方部では少ないといった偏りがみられる（文部科

学省 IB 教育推進コンソーシアム，2022）。国立大学は，出身地域を問わず人材を受け入れるという視点が重要であることはいうまでもないが，一方で，地域との連携も重要な使命となっている。その意味においても，国立大学が所在する各都道府県に IB 認定校がそれぞれあることが理想的な形ではないかと考える。

また，経済格差の問題を認識しておくことも必要だろう。最近まで国内 IB 認定校のほとんどは私立学校であり，公立学校はごく僅かであった。幸い，公立学校の認定校も増えてきており，改善の状況に向かっていると考えられるが，経済的に恵まれない子どもについても，IB 認定校で学べる環境を整備することが教育の公平性の観点からは必要であることを，大学側としても認識しておくべきであると考える。

以上，筆者のこれまでの経験をもとに，日本の IB 教育と大学入試への接続について述べてきた。重要なことは，私たち教育関係者は，IB 教育という新たな教育プログラムを一つの起爆剤として将来を担う人材の輩出にどのようにより貢献していくのかを考えていくことであると認識している。大学側の立場から見れば，その一つの方法として，IB 資格取得者を積極的に大学に受け入れ，一般学生との相互の触発機会をより多く提供することで学生の成長を支援していくことが必要ではないかと考える。

〔竹内正興〕

注
1 「学校推薦型選抜」や「総合型選抜」において，Ⅰ型は大学入学共通テストを免除する入試区分，Ⅱ型は大学入学共通テストを課す入試区分に分類される。

文献
経済産業省（n.d.）「社会人基礎力」（https://www.meti.go.jp/policy/kisoryoku/）（2022 年 6 月 7 日閲覧）
国際バカロレア機構（2014）『「創造性・活動・奉仕」（CAS）指導の手引き』非営利教育財団国際バカロレア機構.
国立大学協会（n.d.）「国立大学の入試」（https://www.janu.jp/univ/exam/）（2022 年

6 月 20 日閲覧）

国立大学協会（2022）「国立大学の 2023 年度入学者選抜についての実施要領」（令和 4 年 6 月 14 日改訂）（https://www.janu.jp/wp/wp-content/uploads/2022/06/02_2023-r40614.pdf）（2022 年 7 月 1 日閲覧）

後藤章（2004）「宇都宮大学における法人化の課題」『農業土木学会誌』72 巻 12 号，11-14.

竹内正興（2019）「鹿児島大学における国際バカロレアを活用した入試」『国際バカロレア教育研究』第 3 巻，15-20.

中央教育審議会（2014）「新しい時代にふさわしい高大接続の実現に向けた高等学校教育，大学教育，大学入学者選抜の一体的改革について〜すべての若者が夢や目標を芽吹かせ，未来に花開かせるために〜（答申）」（https://www.mext.go.jp/b_menu/shingi/chukyo/chukyo0/toushin/1354191.htm）（2022 年 6 月 7 日閲覧）

トロウ，M.，天野郁夫・喜多村和之訳（1976）『高学歴社会の大学—エリートからマスへ』東京大学出版会，pp.194-195.

中村高康（2012）「高等教育の大衆化」酒井朗・多賀太・中村高康編著『よくわかる教育社会学』ミネルヴァ書房，pp.136-137.

原清治（2005）「ゆとり教育のもたらしたもの」山内乾史・原清治『学力論争とはなんだったのか』ミネルヴァ書房，pp.80-97.

毎日新聞（2015）「鹿大が国際バカロレア入試」23 面（2015 年 9 月 21 日）

文部科学省（2019）「令和 2 年度大学入学者選抜実施要項」令和元年 6 月 4 日（https://www.mext.go.jp/component/a_menu/education/detail/__icsFiles/afield-file/2019/06/05/1282953_001_1_1.pdf）（2022 年 6 月 27 日閲覧）

文部科学省（2020）「国立大学法人の戦略的経営実現に向けた検討会議（第 3 回）資料 2-1　国立大学法人に期待される機能・役割」令和 2 年 4 月 24 日（https://www.mext.go.jp/content/20200323-mxt_hojinka-000006012_3.pdf）（2022 年 6 月 21 日閲覧）

文部科学省（2021）「令和 4 年度国公立大学入学者選抜の概要」令和 3 年 9 月（https://www.mext.go.jp/content/20210929-mxt_daigakuc02-000018119_1_2.pdf）（2022 年 6 月 13 日閲覧）

文部科学省（2021）「令和 3 年度学校基本調査 大学・大学院　16 出身高校の所在地県別　入学者数」令和 3 年 12 月 22 日（https://www.e-stat.go.jp/stat-search/files?page=1&layout=datalist&toukei=00400001&tstat=000001011528&cycle=0&tclass1=000001161251&tclass2=000001161252&tclass3=000001161253&tclass4=000001161255&tclass5val=0）（2022 年 6 月 21 日閲覧）

文部科学省 IB 教育推進コンソーシアム（2022）「IB とは」（https://ibconsortium.mext.go.jp/about-ib/）（2022 年 8 月 30 日閲覧）

Ennis, Robert H.（2011). The Nature of Critical Thinking: An Outline of Critical Thinking Dispositions and Abilities. University of Illinois, *2*(4), 1-8.

第7章

日本の高大接続改革と国際バカロレアを活用した大学入学者選抜の現在

> キーワード：高大接続改革，大学入学者選抜，国際バカロレア入試，資格認証，国際比較

1. はじめに

　近年，高校教育，大学入学者選抜および大学教育の三位一体の高大接続改革が進められている。その中で，特に「多面的・総合的な評価」が今後の大学入学者選抜における重要なキーワードとなっている。そのため，大学入学者選抜においては，この多面的・総合的な評価を想定した新たな評価方法が模索されている。これは，特に高大接続改革に関する政府の議論や検討の末に 2013 年10 月に出された「教育再生実行会議第四次提言」やそれに次ぐ中央教育審議会 (2014)，そして高大接続改革会議 (2016) が出されるという一連の政策の流れの中で，重要なキーワードとなっている。

　さらに，2022 年度より高等学校において 2018 年告示の学習指導要領が全面実施され，総合的な探究の時間や理数探究が新設される等，生徒の主体性を重視した教育課程への移行が推進されている。このような高等学校教育段階における教育内容の変化に伴い，これまで知識・技能を中心に測定し，合否の判定が行われてきた大学入学者選抜も，今後ますます多面的・総合的な評価や主体性の評価を取り入れた選抜へと変革していくことが求められる。

　しかし，この多面的・総合的な評価は，現在までのところその確固たる評価方法が確立されておらず，それに基づく大学入学者選抜については，各大学に委ねられているのが現状である。

多面的・総合的な評価の範囲として，日本国内の教育課程を経て，大学進学を目指す受験生のみならず，海外で教育経験をもつ留学生や帰国生，国内のインターナショナルスクールや外国人学校等，多様な学習背景をもつ受験生の適切な評価に基づく大学入学者選抜も，その射程に含まれる必要があるといえる。

もちろん，日本の教育課程を経て大学進学を目指す生徒以外の対応がないわけではない。その代表的な動きが現在日本において普及・拡大が図られている国際バカロレア（International Baccalaureate，以下：IB）認定校の修了生の受け入れ・選抜を目的として，国内の複数の大学で実施され始めている，「国際バカロレア入試」である。

本章では，現在日本の大学において実施され始めているIBを活用した入試がどのような経緯で実施されることになったのか，その導入背景を政策の流れから整理するとともに，事例としてイギリス（特にイングランド）におけるIBを始めとする，国際教育資格の大学入学者選抜における認証評価制度を概観する（第2節）。その後，現在の日本におけるIBを活用した入試の実施状況やその類型化を通じた特徴，そこで想定される課題を明らかにする（第3節）。

2. 日本の高大接続改革と国際バカロレア（IB）

（1）日本における国際バカロレアの展開

日本におけるIBは，1979年に当時の文部省によって，「国際バカロレア事務局が授与する国際バカロレア資格を有する者で18歳に達した者」（学校教育法施行規則第150条第4号の規定）を，高等学校を卒業した者と同等以上の学力があると認定し，国内の大学進学を認めたことで注目された。しかし，その後IBは，主に帰国生入試等で出願の際に確認される程度に止まり，日本国内におけるIB認定校の少なさから広く社会的に認知されることはなかった。

この状況が大きく変化することになったのが2011年に文部科学省によって設置された国際交流政策懇談会の最終報告書が出されたことであった。この報告書では，「2. グローバル化に対応する教育の提供」において，「インターナショナルスクール及び国際バカロレア」のさらなる活用を推奨している。さら

に，「岡山大学のように国際バカロレア資格を取得したものを対象にした入学審査を行う大学も出てきており，（中略）大学の受入れは広がりつつある」と記している。また，この報告書では，「インターナショナルスクールや国際バカロレア認定校の存在は，日本の学生に高度な教育を提供するとともに，初等中等教育段階における人材の国際的な流動性を高めることに寄与するものである」と記されており，IBの全国的な普及・拡大のための情報提供やIB修了生の国内大学への積極的な受け入れについて言及している。

その2年後の2013年5月には，教育再生実行会議の第三次提言が公表されている。この提言では，「グローバル化に対応した教育環境づくりを進める」ために，その方策の一つとして「国は，国際バカロレア認定校について，一部日本語によるディプロマ・プログラムの開発・導入を進め，大幅な増加（16校→200校）を図る」と述べている。

また，翌6月には閣議決定（2013a）の中で，「一部日本語による国際バカロレアの教育プログラムの開発・導入等を通じ，国際バカロレア認定校等の大幅な増加を目指す（2018年までに200校）」との数値目標が掲げられた。

そして，同月に閣議決定された「第2期教育振興基本計画」においても，「国際バカロレアの普及のためのフォーラムや教員養成のためのワークショップを開催するとともに，ディプロマプログラム（DP）の一部科目を日本語で行う日本語デュアルランゲージディプロマプログラム（日本語DP）の開発を行う」（p.58）との方針が示され，政府がIB教育プログラムを国内において普及させる方針が明確に示されたといえる。

(2) 多面的・総合的な評価と国際バカロレア入試

さらに，同年10月に公表された教育再生実行会議第四次提言（平成25年10月）においても，今後求められる人材として，「世界を舞台に挑戦する主体性と創造性，豊かな人間性を持った多様な人材」をあげており，「語学力や交渉力，多様な人と協働する力を含めたコミュニケーション能力，課題発見・探究・解決能力，リーダーシップ，優しさや思いやりといった豊かな感性などを培うことが重要」であるとされている。高等学校教育の「全ての生徒に共通に身につ

けるべき資質・能力の育成」として，インターンシップ等の体験活動の充実，海外留学の促進，文化・芸術活動やスポーツ活動，大学や地域と連携した教育機会等の充実を図ることが記されており，多様な教育経験を持つ生徒が今後増えていくといえる。知識・技能だけではなく，今後はそれに加えて，思考力，判断力，表現力や主体性を持って多様な人々と協働して学ぶ態度（主体性・多様性・協働性）を含む，学力の三要素も評価していくことが求められている。

　この第四次提言では，「多面的・総合的に評価・判定する大学入学者選抜への転換」に関して，「大学は，入学者選抜において国際バカロレア資格及びその成績の積極的な活用を図る。国は，そのために必要な支援を行うとともに，各大学の判断による活用を促進する」としており，大学入学者選抜におけるIB資格成績の活用を推進していくことが初めて言及されている。

　さらに，2014年に出された文科省の「中央教育審議会高大接続特別部会審議経過報告」において，IBは「主体的に学び考える力」を育成するうえで有益な教育プログラムとして国際的に評価されており，大学入学者選抜においてもIB資格やその成績を活用する取り組みも推進すべきであると記されているのである。このように，現在進められている高大接続改革の中で，多面的・総合的な評価に基づく大学入学者選抜への転換が図られており，その一部として，すでに国際的に評価されているIBの評価枠組みも参考にし，その成績の積極的な活用が求められている。これは，それまでの1点刻みの大学入試から，多様な人材を多面的・総合的な評価の基で選抜し，受け入れていくという大きな制度的な転換が求められているといえる。その一環として，IBについてもそれを選抜資料として活用した大学入試の積極的な導入が求められている。

　しかし，先述のように，多面的・総合的な評価に基づく大学入学者選抜は，確固たる方法はなく，各大学の入試課や学部・学科を中心に，その方法が模索されている。それは，IBを活用した入試に関しても同様に，IBの成績をどのように評価するのか，どの程度の成績の学生を受け入れるのか，どの程度の学力が身についているのか，選抜方法はどのような方法が適しているのか，入学要件としてどの程度の成績を設定すればよいのか，そもそもIB修了生は日本の大学で学ぶために必要な学力を身につけているのか等々，不明確な部分が多

第Ⅱ部　高等学校・大学間の教育接続

い。そこで，国際比較の視点から，IB を含む多様な国際教育資格の認証評価を推進しているイギリスの高大接続制度を事例に，その制度と IB 入試の推進のために何が求められるのかについて検討する。特に，イギリスは日本と同様に，政府の方針として，国内における IB 認定校数を拡大させようとした経験があり，その後どのように展開し，伝統的な大学入学者選抜にどのような影響を及ぼしたのか，どのような課題に直面したのか等を検討することで，今後の日本への示唆を得ることができるといえる。

(3) イギリスにおける国際バカロレア資格の認証評価

イギリスにおける IB は，特に 2006 年から大幅に拡大している。これは，当時のトニー・ブレア労働党政権によって，IB 教育の提供を希望する学校に対して，250 万ポンド相当の投資を行う財政支援政策を発表し，2010 年までに各地方当局 (local authority) の管轄下にある公営学校 (日本の公立学校) のうち，最低でも 1 校を IB 認定校にすることを求めたことがきっかけとなり，その後の大幅な拡大へとつながっている。このブレア首相のイニシアティブの結果，2008 年〜2010 年にかけて，イギリス国内における IB 認定校数は，一時的に大幅な拡大を見せている。特に公的セクターにおける IB 認定校が最も拡大しており，これはこのイニシアティブの効果であったといえる (花井，2016)。

このような国内における非伝統的な資格の拡大に伴い，イギリスでは出願時の受験生と高等教育機関との仲介機関である，「大学・カレッジ入学サービス機構」(University and College Admissions Service，以下：UCAS) によって，2001 年に UCAS タリフとよばれる，全国統一資格ポイント換算表が作成されている。この UCAS タリフは，高等教育進学希望者が後期中等教育段階で取得したアカデミックな資格，職業資格や国際教育資格を含む多種多様な資格の認証を行い，資格成績の比較表を作成することで，高等教育機関側が入学要件 (entry requirement) を提示する際に参考にされるものである。そして，IB も 2006 年よりこの UCAS タリフにおいて，イギリス国内の伝統的な資格成績との同等性を確認し，認証されるようになっている。表7.1 が，イギリスの伝統的な大学入学資格である GCE A レベルと IB の UCAS タリフである。

第 7 章　日本の高大接続改革と国際バカロレアを活用した大学入学者選抜の現在

表 7.1　GCE A レベルと IB の資格ポイント換算表

A レベル成績	タリフ・ポイント	IB（HL）成績	IB（SL）成績	IB コア科目
A*	56	7		
A	48	6		
B	40			
C	32	5		
	28		7	
D	24	4	6	3
	20		5	
E	16		4	2
	12	3		
	8			1
	6		3	
	0	2	2	

出所：UCAS ウェブサイト（https://www.ucas.com/）（2023 年 8 月 1 日）を基に作成。

　この UCAS タリフによれば，A レベルの最高成績である A*（A スター）と IB の Higher Level（HL）の最高成績 7 が同等の 56 タリフ・ポイントを付与されている。そのため，A レベル 3 科目ですべて A*の成績を修めた場合，獲得されるタリフ・ポイントは，168 タリフ・ポイントとなる。このように，UCAS タリフでは，多様な資格成績をポイント換算することで，資格成績間の同等性を確認することができ，これが全国統一の資格認証評価基準となっている。

　また，特に選抜性の高い大学を中心に，この UCAS タリフとは別に，大学独自の資格認証評価基準を設定している場合もある。これは，毎年多くの IB 資格取得者の選抜や受け入れを行っている大学において，これまでの経験や追跡調査を通じた入学後の学習パフォーマンスの分析によって設定される各大学独自の基準である。以下が，キングス・カレッジ・ロンドンにおける A レベルと IB の入学要件（IB スコア基準）である。

　以上のように，イギリスでは，UCAS タリフのような全国統一の資格認証

第Ⅱ部　高等学校・大学間の教育接続

表7.2 キングス・カレッジ・ロンドンにおける A レベルと IB の入学要件

A レベル	IB（IB スコア基準）
A*A*A	総合点 35 点以上で，HL3 科目の成績が 7，7，6 点であること
A*AA	総合点 35 点以上で，HL3 科目の成績が 7，6，6 点であること
AAA	総合点 35 点以上で，HL3 科目の成績が 6，6，6 点であること
AAB	総合点 35 点以上で，HL3 科目の成績が 6，6，5 点であること
ABB	総合点 34 点以上で，HL3 科目の成績が 6，5，5 点であること
BBB	総合点 32 点以上で，HL3 科目の成績が 5，5，5 点であること

出所：キングス・カレッジ・ロンドン・アドミッション・オフィス（https://www.kcl.ac.uk/study/undergraduate/how-to-apply/entry-requirements）（2023 年 8 月 1 日閲覧）を基に作成。

評価基準の設定とともに，各大学レベルにおいても独自の基準の設定が行われていることがわかる。また，キングス・カレッジ・ロンドンでは，総合点の提示が行われているものの，UCAS タリフや大学独自の基準においても，科目ごとにポイントが付与され，それを合計した点数によって，同等性を確認することができるようになっている。これにより，高等教育機関側からは各機関のアドミッション・ポリシーに合わせて事前に明確な資格スコア基準に基づく入学要件を提示することができ，受験者側としては，自らの資格成績，または学力レベルに見合った大学への出願が可能となっている。

また，イギリスにおける IB 資格取得者の選抜は，基本的には書類審査のみに基づいて行われている。これは，明確な入学要件の設定に基づき，各志願者の IB の最終成績がその要件を満たしていることで，当該大学の学部・学科で学習するレベルに到達しているものと見なされているため，このような書類審査のみによる選抜が可能になっている。

それでは，日本における IB を活用した入試はどの程度実施されているのだろうか。また，それらはどのように実施されているのだろうか。以下，日本における IB 入試の現況について概観し，その特徴と課題について検討する。

3. 日本における国際バカロレア入試の現況

　2024年6月現在，日本においてIBを活用した入試を実施している大学は，以下の81大学である。

表7.3　日本における国際バカロレアのスコア等を活用した入試の実施大学一覧

	大学名	国公私
北海道		
1	北海道大学	国立
宮城県		
2	東北大学	国立
3	東北福祉大学	私立
秋田県		
4	秋田大学	国立
5	国際教養大学	公立
福島県		
6	会津大学	公立
茨城県		
7	筑波大学	国立
栃木県		
8	国際医療福祉大学	私立
群馬県		
9	群馬大学	国立
埼玉県		
10	浦和大学	私立
11	東京国際大学	私立
千葉県		
12	明海大学	私立
13	開智国際大学	私立
東京都		
14	お茶の水女子大学	国立
15	東京大学	国立
16	東京医科歯科大学	国立

第Ⅱ部　高等学校・大学間の教育接続

17	東京外国語大学	国立
18	東京学芸大学	国立
19	東京藝術大学	国立
20	東京都立大学	公立
21	青山学院大学	私立
22	学習院大学	私立
23	慶應義塾大学	私立
24	工学院大学	私立
25	国際基督教大学	私立
26	芝浦工業大学	私立
27	順天堂大学	私立
28	上智大学	私立
29	創価大学	私立
30	玉川大学	私立
31	中央大学	私立
32	東京都市大学	私立
33	東洋大学	私立
34	日本獣医生命科学大学	私立
35	日本体育大学	私立
36	法政大学	私立
37	武蔵野大学	私立
38	明治大学	私立
39	明治学院大学	私立
40	立教大学	私立
41	早稲田大学	私立
42	ビジネス・ブレークスルー大学	私立
43	多摩美術大学	私立
44	東京理科大学	私立
神奈川県		
45	横浜市立大学	公立
石川県		
46	金沢大学	国立

第 7 章　日本の高大接続改革と国際バカロレアを活用した大学入学者選抜の現在

山梨県		
47	都留文科大学	公立
愛知県		
48	名古屋大学	国立
49	愛知歯科大学	私立
50	中京大学	私立
51	名古屋商科大学	私立
52	豊田工業大学	私立
京都府		
53	京都大学	国立
54	京都工芸繊維大学	国立
55	京都外国語大学	私立
56	立命館大学	私立
57	同志社大学	私立
大阪府		
58	大阪大学	国立
59	大阪公立大学	公立
60	関西大学	私立
61	近畿大学	私立
62	関西医科大学	私立
兵庫県		
63	兵庫県立大学	公立
64	関西学院大学	私立
65	神戸女学院大学	私立
岡山県		
66	岡山大学	国立
67	岡山理科大学	私立
68	倉敷芸術科学大学	私立
広島県		
69	広島大学	国立
70	叡啓大学	公立
71	広島修道大学	私立

第Ⅱ部　高等学校・大学間の教育接続

香川県		
72	香川大学	国立
高知県		
73	高知大学	国立
福岡県		
74	九州大学	国立
75	九州工業大学	国立
76	西南学院大学	私立
77	福岡工業大学	私立
大分県		
78	立命館アジア太平洋大学	私立
長崎県		
79	長崎大学	国立
鹿児島県		
80	鹿児島大学	国立
沖縄県		
81	琉球大学	国立

出所：文部科学省 IB 教育推進コンソーシアム（2023）「国際バカロレア（IB）を活用した大学入学者選抜例（令和 6 年 3 月時点）」及び各大学の入試情報ウェブサイト（いずれも 2024 年 6 月 23 日閲覧）を基に加筆・作成。

　これらの大学では，IB スコア等を活用した入試を実施している大学であるが，その実施方法は一律ではなく，各大学によって多様な方法で行われている。以下，その実施方法の特徴を基に，類型化を試みたい[注1]。

（1）IB 資格取得者のみを対象としている大学

　まず，IB を活用した入試を実施するうえで，IB 資格取得者のみ，もしくは一部の学部・学科において IB 資格取得者のみを対象とする入試をどの程度の大学が実施しているのかについて，上記 81 大学の中から抽出した。IB 資格取得者のみを対象として IB 入試を実施している大学は，**表 7.4** のとおりである。

　IB 資格取得者のみを対象とした入試を実施している大学は，42 大学あり，全体の約 52％である。これらの大学では，入試の名称も「国際バカロレア入試」

表 7.4 　国際バカロレア資格者のみを対象として入試の実施大学一覧

国立	東北大学，秋田大学，筑波大学，東京医科歯科大学，東京学芸大学，金沢大学，岡山大学，広島大学，香川大学，高知大学，九州工業大学，鹿児島大学
公立	横浜市立大学，都留文科大学，大阪公立大学
私立	開智国際大学，慶應義塾大学，工学院大学，国際基督教大学，芝浦工業大学，順天堂大学（医学部・国際教養学部），上智大学，創価大学，玉川大学，東京都市大学，東京理科大学，東洋大学，日本体育大学，法政大学，武蔵野大学，立教大学，愛知歯科大学，名古屋商科大学，豊田工業大学，関西大学，関西学院大学，神戸女学院大学，岡山理科大学，倉敷芸術科学大学，西南学院大学，福岡工業大学，立命館アジア太平洋大学

出所：文部科学省 IB 教育推進コンソーシアム（2023）「国際バカロレア（IB）を活用した大学入学者選抜例（令和 6 年 3 月時点）」を基に作成。

や「国際バカロレア特別入試」等，いずれも「国際バカロレア」という名称を含む入試を実施している。また，このような入試は，特に私立大学に多く，国公立大学ではわずか 15 大学であった。

(2) IB スコア基準を設定している大学

　次に，IB を活用した入試において，IB の最終成績に基づく IB スコア基準を出願資格として設定している大学は，以下表 7.5 のとおりである。

　以上のように，IB を活用した入試において，IB スコア基準を設定している大学は，81 大学中 41 大学であり，これは全体の約 51％である。具体的には，例えば関西学院大学では，以下のような IB スコア基準を設定している。

　　インターナショナル・バカロレア DP（ディプロマ・プログラム）のフルディプロマを取得済の者。もしくは 2025 年 3 月 31 日までに取得見込で IB Predicted Score が出願時に 24 ポイント以上である者。入学にはフルディプロマを取得していることが条件。※理学部数理科学科，工学部情報工学課程／知能・機械工学課程，建築学部建築学科を志望する者は，グループ 5（数学）を HL（higher level）で履修してください。理学部・工学部の上記以外の学科・課程，ならびに生命環境学部を志望する者は，数学を「数学スタディーズ」以外で履修し，かつ，数学およびグループ 4（理科）の中から 1 科目以上を HL で履修してください[注2]。

第Ⅱ部　高等学校・大学間の教育接続

表 7.5　国際バカロレアのスコア基準を設定している大学一覧

国立	東北大学，秋田大学，筑波大学，群馬大学（一部），東京医科歯科大学，金沢大学，京都大学，広島大学，香川大学，九州工業大学，長崎大学，鹿児島大学
公立	国際教養大学，会津大学，東京都立大学，横浜市立大学，都留文科大学，大阪公立大学
私立	東北福祉大学，明海大学，東京国際大学，学習院大学，国際基督教大学，順天堂大学（医学部・国際教養学部），玉川大学，武蔵野大学，立教大学，芝浦工業大学，上智大学，創価大学，早稲田大学，ビジネス・ブレークスルー大学，国際医療福祉大学，豊田工業大学，関西大学，関西学院大学，神戸女学院大学，同志社大学，関西医科大学，広島修道大学

出所：文部科学省 IB 教育推進コンソーシアム（2023）「国際バカロレア（IB）を活用した大学入学者選抜例（令和6年3月時点）」を基に作成。

　このように，どの科目で，どの程度の成績を修めることで当該大学の学部での学習に必要な学力を身につけているのかがわかるような IB スコア基準を設定し，募集要項に提示することで，受験生は自分の学力レベルに見合った大学に出願することができるといえる。

　一方で，現状では IB を活用した入試を実施している大学全体の49％（40大学）が明確なスコア基準を設定していない。そのため，受験者の視点からはどの程度のスコアで出願ができるのかがわからないまま出願している状況が続いていることが予測される。

（3）選抜方法別の類型

　先述のように，イギリスを始め，諸外国の大学において，IB 資格取得者は，基本的に書類審査のみに基づいて選抜されている。そこで，上記の IB スコア基準を設定している大学の中で，どのような選抜方法で IB を活用した入試を実施しているのかを，選抜方法別に整理する。以下が，その類型表である。

　IB スコア基準を設定している大学の選抜方法として，最も多いのは，「書類審査と面接」であった。これは，IB の最終成績を含む書類の審査を行ったうえで，二次選考として面接を行う大学が多いということがいえる。また，例え

表 7.6　IB スコア基準を設定している大学の選抜方法別類型表

書類審査と面接（口頭試問）	秋田大学，東京都立大学（理学部生命科学科），国際基督教大学，芝浦工業大学，創価大学，武蔵野大学，横浜市立大学，玉川大学，ビジネス・ブレークスルー大学，金沢大学（一部小論文有り），京都大学（医学部医学科），広島大学（一部小論文有り），香川大学，高知大学，九州工業大学，鹿児島大学
書類審査，小論文，面接（口述試験）	国際医療福祉大学，東京医科歯科大学，学習院大学（国際社会科学部），大阪公立大学，関西大学，同志社大学，神戸女学院大学，長崎大学
書類審査，小論文，プレゼンテーション，面接	都留文科大学
書類審査，筆記試験，面接	東北福祉大学，明海大学，順天堂大学，豊田工業大学，関西学院大学，広島修道大学
筆記試験，小論文，面接	関西医科大学
書類審査	会津大学，国際教養大学，東京国際大学，開智国際大学，上智大学，香川大学（創造工学部・農学部），鹿児島大学（法文学部人文学科・工学部・水産学部水産学科）

ば九州工業大学では，IB の最終成績に加え，IBDP 成果物（課題論文，知の理論，CAS）の提出を求め，それに基づいて面接を行っており，IB 教育の成果に基づく選抜が行われているといえる。

　次に，書類審査，面接と小論文に基づいて選抜を行っている大学は8大学であった。これらの大学では，特にIBスコア基準として，言語 A や B の HL の履修を条件とする大学が多く，日本語能力を重視する大学が多い傾向にあるといえる。

　次に，書類審査と面接に加え，筆記試験に基づいて選抜を行っている大学は6大学であった。これらの大学では，専門科目の筆記試験や英語の筆記試験等を行っている大学である。その他に，都留文科大学のようにプレゼンテーションを行っている大学もあった。

　そして，イギリス等の諸外国のように，書類審査のみによる選抜を行なって

いる大学は，7大学であった。書類について，不明な点がある場合については，適宜オンライン面接が実施されるが，基本的には書類審査に基づいて大学入学者選抜が行われている。

　以上のように，日本におけるIBを活用した入試を実施している大学では，その多くがIBの最終成績等に基づく書類審査に加え，面接（グループディスカッションやプレゼンテーションを含む）や小論文等により，総合的に評価していることがわかる。これは，日本において全国的なIB資格認証評価基準やその他の教育資格成績との同等性を確認するための基準が整備されていないため，各大学ではIBの最終成績やその他の関連書類に加え，面接を行うことで学力や適性を審査していると考えられる。そのため，諸外国のような書類審査のみに基づく選抜は未だ少ない状況にあるといえる。

4.　おわりに

　本章では，今日の日本の大学において実施されているIBを活用した入試がどのような経緯で実施されることになったのか，その導入背景を政策の流れから整理し，2024年6月現在の実施状況やそこで想定される課題について検討した。

　現状として，IBを活用した入試を実施している大学全体の52%（42大学）が，IB資格取得者のみを対象とした入試を実施しているものの，全体の半数近くにあたる49%の大学において明確なスコア基準を設定していないことが明らかになった。また，IBスコア基準を出願要件として設定している大学の中で，最も多い選抜方法としては，「書類審査と面接」であった。一方で，諸外国において行われている書類審査のみによるIB資格取得者の大学入学者選抜については，管見の限り少ない状況にある。この背景には，IB資格成績と他の教育資格，学業成績との同等性を確認するための国家的な資格認証評価の統一基準や資格枠組みがなく，その評価方法は，各大学の判断に委ねられている点があげられる。また，多くの大学においては，IB資格取得者の成績や成果物を，総合型選抜の一環として多面的・総合的な評価に基づく選抜が行われていると

いえる。今後，国内外からの IB 資格取得者の選抜による大学進学者が増加し，その後の入学者の大学での学習パフォーマンスの追跡調査やデータの蓄積・分析や高大間の緊密な連携（高大連携）によって，入学要件としてのより明確な IB スコア基準を設定し，より効果的な IB を活用した入試を積極的に実施する大学が増加していくことを期待したい。

〔花井　渉〕

注

1　この類型化にあたって分析に利用したデータは，文部科学省 IB 教育推進コンソーシアム（2023）「国際バカロレア（IB）を活用した大学入試者選抜例（令和 6 年 3 月時点）」を作成する際に実施された各大学へのアンケート調査に基づく資料として各大学からの回答を元に作成された資料であるため，必ずしも全ての情報を網羅しているわけではないことをお断りしたい。

2　関西学院大学グローバル入学試験要項，(https://www.kwansei.ac.jp/cms/kwansei_admissions/pdf/2024/kakushu/global/ グローバル入学試験要項 _2025_0607.pdf)（2024 年 6 月 23 日閲覧），p.10

文献

閣議決定（2013a）「日本再興戦略―JAPAN is BACK―」(https://www.kantei.go.jp/jp/singi/keizaisaisei/pdf/saikou_jpn.pdf)（2022 年 9 月 10 日閲覧）

閣議決定（2013b）「教育振興基本計画」(https://www.mext.go.jp/a_menu/keikaku/detail/__icsFiles/afieldfile/2013/06/14/1336379_02_1.pdf)（2022 年 9 月 10 日閲覧）

教育再生実行会議（2013a）「これからの大学教育等の在り方について（第三次提言）」(http://www.kantei.go.jp/jp/singi/kyouikusaisei/pdf/dai3_1.pdf)（2022 年 6 月 23 日閲覧）

教育再生実行会議（2013b）「高等学校教育と大学教育との接続・大学入学者選抜の在り方について（第四次提言）」(http://www.kantei.go.jp/jp/singi/kyouikusaisei/pdf/dai4_1.pdf)（2022 年 6 月 23 日閲覧）

高大接続改革会議（2016）「最終報告」(https://www.mext.go.jp/component/b_menu/shingi/toushin/__icsFiles/afieldfile/2016/06/02/1369232_01_2.pdf)（2023 年 8 月 3 日閲覧）

国際交流政策懇談会（2011）「国際交流政策懇談会　最終報告書　我が国がグローバル化時代をたくましく生き抜くことを目指して―国際社会をリードする人材の育成―」(https://www.mext.go.jp/b_menu/shingi/chousa/kokusai/009/toushin/1310853.htm)（2022 年 9 月 10 日閲覧）

第Ⅱ部　高等学校・大学間の教育接続

中央教育審議会（2014）「中央教育審議会高大接続特別部会審議経過報告」（https://www.mext.go.jp/b_menu/shingi/chukyo/chukyo4/015/gijiroku/__icsFiles/afield-file/2014/09/18/1351882_12.pdf）（2022 年 6 月 24 日閲覧）

花井渉（2016）「イギリスにおける国際バカロレア認証に伴う資格試験制度に関する研究」『比較教育学研究』52，90-112.

文部科学省 IB 教育推進コンソーシアム（2022）「国際バカロレア（IB）を活用した大学入学者選抜例（令和 5 年 1 月時点）」（https://ibconsortium.mext.go.jp/ib-japan/admissions-policy/）（2023 年 8 月 2 日閲覧）

第Ⅲ部

各教科に焦点を当てた
教育方法

　第Ⅲ部では，IB 認定校における授業実践に焦点を当て IB 実践としての教育方法の提案を試みる。

　第 8 章では，現行の学習指導要領が目指す「主体的・対話的で深い学び」と DP における TOK の趣旨を踏まえた授業実践において展開される学びを比較し，TOK と共通する学びの各教科での実践可能性を検討する。

　第 9 章では，小学校におけるカリキュラム形成と授業展開と教員研修の 3 つの視点から，PYP の受容実態と実践展開を整理し，児童と教師らの学びの在り方を検討する。

　第 10 章では，高校生の英語学習者を対象とした指導方略の実践提案を試みる。具体的には，指導計画と授業展開について検討することで，批判的思考の育成につながる単元の指導計画の在り方を提案する。

　第 11 章では，公立高校における DP 段階における数学教育の現状の課題について整理する。言語に関連した数学教育の先行研究と高等学校における二次関数の実践事例の比較検討を通して，今後の実践と研究の可能性と研究課題について論じる。

第8章

IBDP の TOK の趣旨を踏まえた授業実践は
学習指導要領の「主体的・対話的で深い学び」
の実践につながるか？

> キーワード：国際バカロレア (IB)，知の理論・Theory of Knowl-
> edge (TOK)，学習指導要領，主体的・対話的で深い学び，授業
> 研究，指導方法

1．研究の背景と目的

　IB のディプロマ・プログラム (IBDP) の TOK の趣旨を踏まえた授業実践（以下，TOK 趣旨実践）は学習指導要領の「主体的・対話的で深い学び」の実践に繋がるか，または参考となりうるのか。まずはこれらの問いを研究する意義から考えたい。近年，日本で教科を問わず IB 教育，特に TOK 趣旨実践への関心が広がっている。2020 年から順次実施された学習指導要領の考え方と IB 教育の親和性への期待や近年の IB 校の広がりが影響しているのだろう。改訂のポイントとして，文部科学省 (2017) は「全ての教科等を，①知識及び技能，②思考力，判断力，表現力等，③学びに向かう力，人間性等の三つの柱で再整理」することを挙げた上で，児童・生徒の学びの質を高めるべく，「主体的・対話的で深い学び」の視点から授業改善を行うことを推進した。IB や TOK 趣旨実践への関心が高まった一方で，これらの実践は「主体的・対話的で深い学び」の実践といえるのだろうか。仮にそうなら，「主体的・対話的で深い学び」のどの部分に特に親和性があるといえるか。また，TOK の趣旨をどう活用したら，「主体的・対話的で深い学び」がどの程度実現できるのかについて検証の必要があり，本研究の意義でもある。

　上に述べた学習指導要領改訂以前に，文部科学省は，平成 24 年の新規事業

説明において「国際バカロレアのカリキュラムや指導方法，評価方法等を研究し，我が国の教育に取り入れていくことは，新学習指導要領が目指す『生きる力』の育成や新成長戦略に掲げられている重要能力スキルの確実な習得に資するとともに，学習指導要領の見直しの際に有効な実証的資料となる」と述べていた。さらには，2012年の新規事業「グローバル人材育成推進のための初等中等教育の充実等」の一環で，IBの理念を生かしたカリキュラム作りを行う学校を指定し，IBの趣旨を踏まえたカリキュラムや指導方法，評価方法等に関する調査研究を行ってきた。これらの経緯を踏まえると，今回の学習指導要領の「主体的・対話的で深い学び」は，IBの趣旨や理念との親和性がある可能性は高い。

　仮に学習指導要領とIBの方向性が近いとしても，すべての学校がIB校のようになることはない。矢野（2012）は「ディプロマ・プログラムでは一つの科目の履修により多くの時間数を配当し，生徒が一つひとつの科目をより深く学ぶように設計されているのに対して，高等学校では140時間の科目よりも，105時間ないし70時間の科目が多く，個々の管区での学習は内容的に深まりをもたせにくい」（p.33）と指摘している。IBのディプロマ・プログラム（以下，IBDPと表す）を履修していくにはカリキュラム設計上の工夫が必要である。

　このような状況を踏まえ，矢野（2017）は「私たちが目指すものが，国際バカロレア・プログラムの普及・拡大なのか，国際バカロレアの掲げる理念や趣旨をそなえたプログラムの普及拡大なのか」（p.4）という疑問を投げかけている。さらには「国際バカロレアの導入は，特に公立学校においてはハードルが高いという指摘があることにも留意した上で，導入の在り方を考えていく必要があろう」（p.4）ことも指摘している。

　渡邉（2014）は，「IBの受容で日本に特徴的だと考えられるのは，それを丸ごと受け入れるのではなく，既存の教育実践をIBを通して再評価しつつ擦り合わせを行う中でこれまでの教育内容と実践を変化させていく手法がとられていることである」（p.46）と述べている。渋谷（2013）は，特別活動でIBを導入する取り組みに関して，「やもすれば形式的あるいは娯楽的になりがちな特別活動の，まなびとしての意義を再確認することができる」（p.92）という利点を2

校の実践を通して述べている。そして，IB の利点を最大限生かすには「IB を固定的に受け止めるのではなく，その理念や枠組みを批判的に捉え，日本の教育の強みや弱みを冷静に見極めながら，それを再構築していくことが求められる」(p.93) としている。さらに川口・江幡 (2017) は，IB を導入する際の課題について教員へのインタビューを実施し，その中で「IB 認定校にならなくても，IB について学ぶことを通じて，既存のカリキュラムや教授法を改善させることができる」(p.44) という意見も紹介している。これらの研究から，学習指導要領と IB に親和性があるならば，IB を導入していない学校も，その趣旨の一部を取り入れていくことが「主体的・対話的で深い学び」の実践の参考となる可能性があると考えた。

　本研究では，まず IB プログラムと改訂後 2020 年から順次実施された学習指導要領の親和性を検証した。その上で IB 校ではない学校における IB の趣旨や理念を踏まえた授業に焦点をあてつつ，TOK を参考に授業実践することは学習指導要領の「主体的・対話的で深い学び」の実践につながるかを検証した。

(1) TOK の趣旨を踏まえた授業

　IBDP のコアにある TOK 授業は，知識と知ることの本質を多角的に探究し，知識について問い直す。IB 機構 (2015) によると，TOK の目的は「共有された『知識の領域』の間のつながりを重視し，それを『個人的な知識』に結びつけることで，生徒が自分なりのものの見方や，他人との違いを自覚できるよう促していく」(p.11) ことにあるという。その様子は真に「主体的・対話的で深い学び」に繋がる可能性があると考えた。そこで，本研究においては IB の趣旨を踏まえた授業の中で，IBDP のコアである TOK の趣旨を踏まえた授業実践を取り上げることとした。これまでの研究事例としては，大塚 (2014) は「IB において総合的な学習の時間と近い位置として存在する TOK の①すべての教科に通底する，目に見えない "方法" "学び方" を可視化している，②一つの教科として体系的にまとめられている，③総合学習を中心とした教科横断的思考法の提示をしている，という特徴から示唆を得るところは大きい」(p.16) と指摘し，総合的な学習の時間が TOK から学びうる可能性を述べている。2022 年

から始まった「総合的な探究の時間」に関しても同じことがいえると考える。井上（2016）は TOK の趣旨を踏まえた「学際的な観点を導入」(p.6) することを目的とし，地歴公民科との教科横断型の国語の授業実践を紹介している。また，「IB の教育理念や手法は，探究学習の画一的なモデルを作り上げるために参照するのではなく，自分で問いを立て，解決することに喜びを見出す能動的な学習者の育成を促進するための一助となり得る」(p.9) とし，TOK 趣旨踏実践の可能性を示唆している。両者とも「主体的・対話的で深い学び」に照らし合わせると，学際的な観点や教科横断的な展開が「深い学び」に，能動的な学習者の育成は「主体的な学び」への示唆があるものの，「対話的な学び」に関する言及はない。以上 2 つの先行研究から，TOK 趣旨実践が「主体的・対話的で深い学び」の一部に通じる可能性は見出せるが，「主体的・対話的で深い学び」のすべての観点における検証はされていない。

(2) 研究目的のまとめ

　冒頭で研究の意義でも述べた通り，TOK 趣旨実践は行われているが，それは「主体的・対話的で深い学び」の実践といえるのだろうか。いえるとするならば具体的に「主体的・対話的で深い学び」のどの部分を担いうるのか，またどの程度実現できるのか等について，検証が必要だといえる。本研究は TOK の趣旨を踏まえた授業を取り上げ，その実践者が実践を通してどのような気づきを得て，どのような可能性を感じているのかを知ることで，その実践が「主体的・対話的で深い学び」につながる可能性があるのかを考察した。

2. 研究の方法

　基礎研究として，まず学習指導要領の「主体的・対話的で深い学び」と IB-DP のコアプログラムの一つである TOK がどの程度親和性があるのかを検証する。さらに調査研究として TOK の趣旨を踏まえ授業実践者の視点から分析し，「主体的・対話的で深い学び」の観点から，TOK 参考実践をすることにどのような可能性があるか，またどのような限界があるかについて考察した。

第8章　IBDPの TOK の趣旨を踏まえた授業実践は学習指導要領の「主体的・対話的で深い学び」の実践につながるか？

【基礎調査】

　学習指導要領の「主体的・対話的で深い学び」とIBDPのTOKのそれぞれが目指す生徒像および学習に関する記述を比較し，その共通点と相違点を明らかにしようとした。

【調査研究の方法，および調査対象者】

　TOKの趣旨を踏まえた授業の見学，および実践している6名（私学5名，公立1名）の教員への半構成型インタビューを行った。担当科目は英語科，社会科，理科，国語科，体育科（インタビュー対象科目は道徳），総合学習に相当する学校設定科目であった。調査は2020年の5月〜10月にかけて5名は勤務校で，1名はオンラインでインタビューを実施した。

分析方法：本研究においては大谷（2008，2011）のSCAT (Steps for Coding and Theorization) 分析を一部改変した福士，名郷（2011）が用いた方法を採用した。SCAT分析は質的研究の言語データ分析のための手法の一つであり，大谷（2008）は「比較的小さな質的データの分析にも有効」であるとしている。TOKの趣旨を踏まえた授業の実践者がまだ限定的であるため，SCAT分析を採用した。また，本研究では「主体的・対話的で深い学び」にのみ焦点化したため，切片化したデータをグループ化した上で言い換え，概念化していくという，SCAT分析を一部改変した方法を採用した。

【SCATを一部改変した手順の分析過程】

図8.1　SCAT分析を一部改変した手順

出所：大谷（2008，2011）を基に，福士・名郷（2011）が改変したものを基に筆者ら作成。

　上記の分析過程で得られた疑問や追求すべき課題も，必要に応じて記入し，コーディングのプロセスの後，それに基づいたストーリー・ラインを記述した。ストーリー・ラインとは「データに記述されている出来事に潜在する意味や意表を主に〈4〉に記述したテーマをもとに紡ぎ合わせて書き表したもの」である。

その後に，理論記述を試みた。ここでの理論は「普遍的で，一般的に通用する原理のようなものではなく，『このデータから言えること』」を述べるものとする。

3. 研究の成果

(1) 基礎研究

　学習指導要領の「主体的・対話的で深い学び」とIBのTOKに関する記述について，以下を比較する。①中央教育審議会 (2016)「幼稚園，小学校，中学校，高等学校及び特別支援学校の学習指導要領等の改善及び必要な方策等について (答申)」の「主体的な学び」「対話的な学び」「深い学び」のそれぞれの定義，②国際バカロレア・ディプロマプログラムにおける「TOK」に関する調査研究協力会議 (2012) の「国際バカロレア・ディプロマプログラム　Theory of Knowledge (TOK) について」の記述，③ International Baccalaureate (2015) の「知の理論 (TOK) 指導の手引き 2015 第一回試験」(本研究調査時最新)。

1)「主体的な学び」

表 8.1　「主体的な学び」に関する中央教育審議会答申と国際バカロレア Theory of Knowledge の比較

①	学ぶことに興味や関心を持ち，<u>自己のキャリア形成の方向性</u>と関連付けながら，見通しを持って粘り強く取り組み，<u>自己の学習活動を振り返って次につなげる</u>「主体的な学び」が実現できているか。
②	TOK のねらい - 高度な<u>知識</u>を獲得することへの興味・関心を高め，その欲求を満たすための努力を促す - 日常の学習生活における<u>「学習者」</u>としての経験を振り返り，異なる学問分野における様々な考え方，感じ方，行動などの関連について考えるよう促す。
③	『知の理論』と IB の学習者像　　　　-振り返りができる人 TOK を学ぶ生徒たちは，<u>自分や他者の動機，信念，思考プロセス，感情的反応が所有する知識や所有することができる知識にどう影響するのか</u>を振り返ってみることを学習します。

注：下線は筆者による。

第8章　IBDPのTOKの趣旨を踏まえた授業実践は学習指導要領の「主体的・対話的で深い学び」の実践につながるか？

「主体的な学び」に関する記述とTOKに関する記述は，学ぶことや知識獲得への興味関心，振り返りの活動，および自己との関連においては共通する。一方で，学習指導要領の「主体的な学び」においては，「見通し」や「粘り強さ」に関しての記述があるが，TOKに関する説明資料では，学習の見通しや粘り強さに関して強調されている記述は見当たらなかった。しかし，IBの学習者像も調査すると，「学ぶ喜びを生涯に通じて持ち続けます」という記述があり，また最終的にTOKでは発表やエッセイの提出等があり，見通しをもって粘り強く取り組む要素があるといえる。

2)「対話的な学び」

表8.2　「対話的な学び」に関する中央教育審議会答申と国際バカロレア Theory of Knowledge の比較

①	子供同士の協働，教職員や地域の人との対話，先哲の考え方を手掛かりに考えること等を通じ，自己の考えを広げ深める「対話的な学び」が実現できているか。
②	TOK以外の他のグループの学習における生徒の経験とKnowledge Issueとを関連付けたディスカッションを授業の中に取り入れていく。
③	TOKで，異なるバックグラウンドや異なる見方をもった他者と話すことにより，自分自身の価値観を問い直す機会を設ける。

注：下線は筆者による。

　学習指導要領の「対話的な学び」もTOKも，対話を考えるための手がかりとして捉えている。また「対話的な学び」の「考えを広げ深める」ことは，TOKにおける「価値観を問い直す」プロセスと通じる。また，TOKでは「生徒の経験とKnowledge Issueと関連付け」等の記述があり，対話を通して生徒が概念的に知識や経験を捉えられたり，当事者意識を育む面がみられた。

3)「深い学び」

　「深い学び」とTOKに関しては，主にものの見方，知識を相互に関連付けること，問いを立てること等の共通した記述がある。また，「情報を精査する」ことに関しては，TOKでは知識には「十分な探究や証拠」が必要であるとし，

表8.3 「深い学び」に関する中央教育審議会答申と国際バカロレア Theory of Knowledge の比較

①	習得・活用・探究という学びの過程の中で，各教科等の特質に応じた「見方・考え方」を働かせながら，知識を相互に関連付けてより深く理解したり，情報を精査して考えを形成したり，問題を見いだして解決策を考えたり，思いや考えを基に創造したりすることに向かう「深い学び」が実現できているか。
②	-TOK のねらい 個人やコミュニティーにおいて，どのように知識が構築され，批判的に検証され，評価され，また，新しい知識と置き換えられていくのかを認識させる。
③	-TOK の目的は，そのような活動によって，『知る人』としての生徒が，自分なりのものの見方や，自分と知識を共有しているさまざまなグループのものの見方を自覚できるよう促していくことにあります。 -TOK と国際的な視野 世界に渦巻いている論争はしばしば，重大な「知識に関する問い」に根ざしており，それが TOK の探究にとって有用な出発点となる一方，TOK はそれらの重大な問いを理解するうえで大きな力となるからです。 『知の理論』と IB の学習者像　　-探究する人 TOK を学ぶ生徒たちは，さまざまな「知るための方法」（ways of knowing）を活用し，またさまざまな「知識の領域」（areas of knowledge）で知識と見なされるための条件を考察することによって知識がどのように構築されるかを探究します。十分な探究や証拠を経ずに，「知識に関する主張」（knowledge claim）を単純に受け入れることで「個人の知識」（personal knowledge）が構築されてはならない，というのが TOK の基本的な前提です。

注：下線は筆者による。

そのプロセスにおいて「知るための方法」や「知識の領域」を探究することが示されている。一方で，TOK では問いを立てて，自分なりの答えを考えることが授業の主題であるが，問題解決を主眼にはしていないため，「解決策」に関する記述はない。しかし，問いを立てて探究する授業のプロセスは「思いや考えを基に想像したりすることに向かう」ことに通じるものがあると考える。

　以上の３つの観点から，TOK は大筋では「主体的・対話的で深い学び」と親和性があると考える。一方で，「主体的・対話的で深い学び」で示されている，学習における見通しや粘り強さや解決策等に関する一部の記述は，TOK の資料では見当たらず，完全に合致しているとはいえない。これまでの分析から，

表 8.4 SCAT によるコーディングの一例 (分析対象者 A)

番号	発話者	テクスト				
	聞き手	TCK の趣旨を踏まえた授業を展開するようになったきっかけとか理由とかあれば教えていただけますか？				
6	教師A	あーきっかけとか理由は，そうですね。まず自分がその TOK 的な考え方が好きだったっていうのと，でやっぱりやってて面白そうだなー，これだったら生徒のくいつきがいいんじゃないかと思ったり。				
7	教師A	で，あとは結構知識注入型の授業が，あのー，日本の学校多いし，附属といえどもそういう授業が結構展開されているので。				
8	教師A	帰国の子にとってみたら，そういう授業ってきっとつまらないし，物足りないし，もっと自分で考えたいなっていう風におもうだろうし。				
9	教師A	だからなんていうか，セイフティネットじゃないですか，そういう子たちにとっても，というかそういった意味合いを兼ねて，やっているのと。				

番号	発話者	〈1〉テクスト中の注目すべき語句	〈2〉テクスト中の語句の言い換え	〈3〉左を説明するようなテクスト外の概念	〈4〉テーマ・構成概念(前後や全体の文脈を考慮して)	〈5〉疑問・課題
6	教師A	TOK 的な考え方。やってて面白い。生徒のくいつき	知識とは何かを探求する。授業者の探求。生徒の学びへのモチベーション	TOK/IB への憧れ(原因)，授業力の向上のモチベーション(原因)，生徒からの信頼(原因)	TOK への憧れ・期待感	TOK 的な考え方の定義？
7	教師A	知識注入型の授業	知識注入型の授業からの脱却	知識注入型授業への批判(影響)，教育をとりまく論調の変化(影響)	教育をとりまく環境の変化→知識注入型授業からの脱却	他の教員へのアプローチ？
8	教師A	帰国の子にとってみたら，きっとつまらない。物足りない。もっと自分で考えたいな	欧米型の批判的思考	生徒のもつ背景の多様性(原因)	生徒の多様性とこれからの教育の在り方	
9	教師A	セイフティネット	知識注入型ではない授業の保障	学びの質的保障の担保(原因)	自らの授業の存在意義	

注：様式は大谷 (2008) 参照。

TOKは「主体的・対話的で深い学び」に関連している部分は大きいものの，TOKを実践するだけで「主体的・対話的で深い学び」のすべての観点を網羅できるとまではいえないと考える。

(2) 調査研究

基礎研究ではTOKと「主体的・対話的で深い学び」の親和性を検証した。調査研究では，TOKの趣旨を踏まえた授業との親和性を検証し，授業実践者が「主体的・対話的で深い学び」の観点から，どのような可能性や限界を感じているのかの検証を試みた。

SCATによる内容分析の結果，6名のTOKの趣旨を踏まえた授業実践者のインタビューを58から131のセグメントを対象にして，SCATの4ステップコーディングを**表8.4**のように行った。ここから**図8.2**のようにデータを短冊状に切片化し，分類し，再度言い換えと概念化を行ったのちに，ストーリー・ラインと理論記述を作成した。

その結果，TOKの趣旨を踏まえた授業実践および主体的・対話的で深い学びに対して，授業実践者がどのように感じているかについて，いくつかの共通した概念を指摘することができた。代表的なテキストを言い換えたグループご

図8.2 SCATを一部改変した方法の資料の例
短冊状に切片化，分類，言い換え，概念化のプロセス

とに**表8.5**において示す。テキストデータは抽出したデータのうち主要部分を抜粋したが，前後の文脈が読み取りづらい部分には，筆者が（　）で注釈を付記した。〈　〉はグループ化した言い換えを意味する。

表8.5　代表的なテキストデータ（主体的・対話的で深い学び）

言い換え	代表的なテキストデータ
【主体的・対話的で深い学びとの親和性】	
〈概ね合致しているという考え〉	主体的で対話的で深い学び，つながるというか，うん，もうそのままですね。
	真にTOKと主体的で対話的で深い学びはかなり合致していると思っています。
	繋がる。もちろん繋がると思いますね。探究の意味ではもろ繋がりますし。
	それはなってると思いますね。（中略）今教育指導要領に入ることによって，今この授業に関わってない先生方も，まあなんていうか，うちの学校が勝手にやっているっていうよりは，全体的な流れだって言うので，認識してもらえるかなーって，認識していただけるかなーっていうのはちょっとあるので。
【主体的・対話的で深い学びとの親和性の一部に対する疑問】	
〈深い学びへの疑問〉	そう思って，やってます。まずまあ，主体的は（問題ないですが），一番難しいのは深いっていうところが一番難しいかなと思いますけど。
	そこで言うこう「深い」っていうのが一番すごくキーになってくるかなという感じはしますね。
〈主体的な学びへの疑問〉	そうですね。そこは生徒の主体性がどこまで育っているかとか，さっきも主体的で対話的って，言いましたけど，その主体的っていうのも，やっぱりレベル，習熟度と言うか，生徒によって（個人差が）出てきますし，それによるところがすごく多いかなという風には思います。
	子どもによると思うんですけど。そこ（主体性）が正直一番難しいところかなと思っています。（中略）そこが一番今意識してるけどなかなかTOKの時間だけになっちゃうっていうところは正直あります。
〈対話的な学びへの疑問〉	ただ，わたしの課題は対話ですよね。だからTOKに対話は必要かという問いはずっとありますね。

第Ⅲ部　各教科に焦点を当てた教育方法

これらの言い換えから，主体的・対話的で深い学びに対して，TOKの趣旨を踏まえた授業は親和性があるという概念化ができるテキストデータが複数示された。一方で，「主体的な学び」「対話的な学び」「深い学び」それぞれへの疑問から【主体的・対話的で深い学びとの親和性の一部に対する疑問】も概念化された。そこで，それぞれに関する概念化を**表8.6**，**8.7**，**8.8**において示す。

表8.6　代表的なテキストデータ（主体的な学び）

言い換え	代表的なテキストデータ
【主体的な学びとの親和性】	
〈学ぶことへの興味関心の想起〉	考えることに関して楽しんだり，楽しむっていうところはノッてきて，やっぱ12年生とかになってくると，そういう自分の探究が止まらなくなって，こんなこんなこんなことしたいんだけど，どうしたらいいと思いますかって。なんだそりゃみたいな。そういうワクワクして夢を語ってくれる。
	やっぱりあたし，こういうこと興味あるとか，こういう問題ちょっと解決してみたいかもっていうことを思ってもらうチャンスていうのを，育てるっていうか。
	（評価に関しても）自らが問いを立てていくとか，テーマを設定する（プロセスがある）ので，自らのやりたいこと，やるべきことって言うのは明確になりつつある。とそれは主体的というところとリンクしてくるのかなと。
〈自己の学習活動への振り返り〉	なぜ教科が分かれているのだろうかっていうことを考えるヒントになるような気がしていて。
	もともとはどうなのか。知識とはどう考えるべきなのか。考えるきっかけとしては，一つ大きなキーになるのかなって気がしていて。
〈見通しを持った粘り強さ〉	主体的ってことは自分でわからないと思ったら自分で探究しなきゃいけないし，調べないといけないし。
	主体的にそれを自らが自分で優先順位をつけたり，選別したり，整理したり，並べ直したりしていくっていう作業が必要となるので，まあ必然的に主体的にならざるを得ないし。
〈自己のキャリアの方向性との関連〉	そのやっぱり将来自分の職業を持って何かに貢献していくというのは，社会に役に立つということだから，困っていることとか，困っている人とか（の社会課題）に対して，何かその人が喜ぶことをするっていうのは，自分の仕事に繋がっていく可能性もあるのかなっていうのがあるので。

第8章　IBDPのTOKの趣旨を踏まえた授業実践は学習指導要領の「主体的・対話的で深い学び」の実践につながるか?

【テーマが生徒の主体性に与える影響】	
〈具体的なテーマと生徒の興味関心〉	だけど，例えば代替医療についてとか，宗教についてとか，なんか言葉の Endangered Language ですか？そういうのだと全然ついていけないと思って。
〈テーマと生徒の主体性〉	問題は立てようと思えるかどうかがすごく大事で。自分から問いを立ててみたいとか。(中略) っていうそういう動機づけっていうか。意欲のほうがはるかに大事かなって気がしますね。学力以上に。
	やっぱり自分の興味に支えられて，問いが生まれているっていうことですよね。

　「主体的な学び」に関しては，学習指導要領の定義にもある〈学ぶことへの興味関心の想起〉〈自己の学習活動への振り返り〉〈見通しを持った粘り強さ〉〈自己のキャリアの方向性との関連〉がグループ化され，【主体的な学びとの親和性】と概念化した。一方で【テーマが生徒の主体性に与える影響】の概念化もあり，テーマによって，生徒の主体性が変化しうることがわかった。つまり，授業で扱うテーマが生徒の興味関心に沿わない場合，生徒の主体性が発揮できない可能性があると考えられる。また基礎研究において，TOK には見通しに関する記述はないと述べたが，TOK の趣旨を踏まえた授業においては〈見通しを持った粘り強さ〉のグループ化もあった。

表 8.7　代表的なテキストデータ（対話的な学び）

言い換え	代表的なテキストデータ
【対話的な学びとの親和性】	
〈生徒同士の協働〉	後は，グループワークもやらせますし，で自分の個人で問いを立てて，やるときも，必ず途中中途でグループで共有会をしたり，後は相談をしたり，話し合いをするような共有する時間をとても多くとっているので，あの生徒同士でも，対話的というか，で，またテーマが違うので，それは違うよとかっていう議論にはならないんですよね。
	そこがそのただのグループワークとか，共同作業とかっていうだけではなくて，対話的に相手のロジックを聞いたり，自分との違いを見出して，相手に伝えたりしてみるので，とても生徒同士でも対話的（な様子が見られる）。

〈教職員との対話〉	で，先生との対話も起こっている。
	そういう（対話的な）やり取りを多くするので，生徒と教員とでも，教授，教授的ではなくてまた対話的な関係，生徒対生徒，生徒と教員も，対話的。という意味では，まぁ新しい学習指導要領ともリンクはしてるかな。
	後は対話的っていうのは，まあ私たち（教員）としてはあんまりこれが唯一の答えだよっていうのは出すことは，ほぼないんですね。
〈先哲の考え方を手掛かりに考えること〉	さっき，今回やった環境がテーマにしたとか，TOK道徳なら，いろんな授業で学んだこととかをそこに繋げていって，自分たちなりにどう課題解決に向きあっていったらいいんだろうかっていう議論になっていったら，最高だなと思ってやっているので。
	テキストとの対話は起こっていそうですね。
〈対話から広がる自己の考え〉	対話的っていうのは自分で得た知識とか，パーソナルなナレッジをシェアなナレッジに変えていかなきゃいけないプロセスがTOKだから。
	自分が持っていない，天井が限られるところを，いろんな枠を取ってくれたり広げてくれたりするのは他者の思考であるので。刺激があるからこそ，延長することも可能だし，広げることも可能。
【対話的な学びの深い学びへの影響】	
〈対話による自らの振り返り〉	けどやっぱり知的関心が強くて，相手のロジックとか，相手のものにも対話的に興味が出る，深められる子は，自分の，自分がどこで詰まっていたりするのか，自分がこれから深めていける，さらに他にどういう観点が必要なのか，知識が必要なのか，っていうものを見れる子になっていくかなと思う。
〈多様な意見による気付き〉	やっぱりいろんな考えとか，いろんな知識を持っている子たちが，共に学ぶから深められるっていう部分があると思うので。
〈言語化による気付き〉	メタ認知できないから人は。自分のことをわかっているつもりだけど，言語にする機会もないし。言語にすることによって，自分の新たな気づきに整理して深く落とし込むことが可能なのかと。
【生徒同士の対話への疑問】	
〈生徒同士の対話に対する疑問〉	生徒同士の対話っていりますかね？

第8章　IBDPのTOKの趣旨を踏まえた授業実践は学習指導要領の「主体的・対話的で深い学び」の実践につながるか？

〈対話を嫌がる生徒の実態〉	自分がリスペクトする人間と建設的な議論がしたい。だから，形式的に横とくっついてとかっていうのをすごく嫌う。
【文献との対話の限界】	
〈生の人間の力〉	本を読めば学べるとか，映画を見れば学べるって話もあるんですけど，それって一方的なもので，それが他方の見方もあるよってさらに付け加えてくれるのはやっぱり生の人間の声だなっていう風に思ってます。
〈中高生が接することのできる文献の限界〉	一人で深めるっていうのが限界があるというふうに，私は思っていて。特に中学生高校生ってそんなすごい文献とか，一つのテーマで学んでいるわけではないので。
〈自らのもつ思想や文化の影響〉	自分一人で広げることも可能なんですけど，ただそれは持っている文化的な歴史的な嗜好的なものもあるし。思想もあるけども，あなた自身しかないよねっていう。

　対話的な学びに関しては，学習指導要領の定義に繋がる〈生徒同士の協働に取り組む授業〉〈教職員との対話が起きる授業〉〈先哲の考え方を手掛かりに考える授業〉〈対話から広がる自己の考え〉のグループ化があり，【対話的な学びとの親和性】と概念化した。しかし，それ以外にも【文献等との対話の限界】や【生徒同士の対話への疑問】も概念化された。TOK の趣旨を踏まえた授業では，対話は必ずしも生徒同士の対話ではない形で進む場合や文献等との対話を用いないこともありうる。つまり，実践者が対話をどのように授業に取り入れているかには多様な形態があることが見えた。また，【対話的な学びの深い学びへの影響】も概念化され，「対話的な学び」が「深い学び」の前提となる可能性も見出された。

　深い学びに関しては，学習指導要領の定義に繋がる〈見方・考え方を働かせること〉〈知識を相互に関連づけて理解すること〉〈問題を見出して解決策を考えること〉がグループ化でき，【深い学びとの親和性】と概念化した。特に〈見方・考え方を働かせること〉に関するグループ化で，多くのテキストデータが存在し，TOK の趣旨を踏まえた授業実践は多様な見方・考え方を広げる機会

表 8.8　代表的なテキストデータ（深い学び）

言い換え	代表的なテキストデータ
【深い学びとの親和性】	
〈見方・考え方を働かせること〉	生徒さんには，答えは立場にとってさまざまな正義があるよっていう考え方さえ身についてくれればと思っています。それが結構この授業を通してなるほどねっていう風に納得してくれる人たちは多いです。
	対話的に相手のロジックを聞いたり，自分との違いを見出して，相手に伝えたり，してみるので。
	いろんな人の意見が出るから多分考え直すところがあるんですよね。いろんな人と話すから，「あーそうやなそうやな」ってなっていって深められる。
〈情報の精査〉	ちゃんとお友達があー言ってる，こう言ってるって，それってちゃんとこの人に確認したん？とかって言うと。情報の信憑性はとかって言うと。あって（気づく）。それは知らんけどって。
	教師が言うこともそうだし。成績優秀なクラスメイトが言うこともそうだし。新聞に書いてあることもそうだし。あらゆるものは確からしいものは一つもないということですね。そのスタンスで勉強に向き合ってくれるので。
	サンプルもできたらいくつか示したいなっていうのがあって。これはこういう点では正しいと言えるけど，こういう点ではちょっとあいまいだねーとか。そんな風に話したりしていますし。
〈知識を相互に関連づけて理解すること〉	なんかドイツで，ドイツに対する何か問いを立てた時でも，あーイギリスっていうものをやったからそこができたんだぁとか，イギリスと比較してみました。でも私はアメリカをやってなかったんで，後からまたアメリカもやらないと見れない。アメリカの知識も入れないと，ドイツというものは語れることにならないことがわかりましたとか。
	問いが骨だとすると肉，それに本当に付随してる肉が知識だとしても，別のところの骨に繋がってるし，でも肉もちゃんとその骨には影響があるみたいな，すごく抽象的ですけど，そういうような形で知識を捉えてくれてるような気がしています。
	まあ，教科横断っていうとあれですけど。教科横断のてはずですね。TOK の（趣旨を踏まえた授業は）。

〈問題を見出して解決策を考えること〉	嫌だったらやだでいい。ただその気持ちで人を傷つけないようにするだけ。それを伝えたい。
	答えのない問い，それこそ環境問題とかもそうですし，世の中に課題とされているものはほぼ答えないじゃないですか。それ解決するためにって，たぶん全部繋がってくるんじゃないですか，いろいろな知識が。それができる場所がなんか私は TOK 道徳なんじゃないかなって思っていて。
【生徒の資質と深い学び】	
〈主体的・対話的に学ぶ生徒〉	主体的に対話的に出来る子っていうのは，必然的にメタ認知もできるので，深い学びにつながりやすい。(中略) そうすると相手との対話の中で，自分と相手を対等に見れなかったりするので，いつまでたってもその浅さから抜けられない，っていうか深掘りできない。
〈対話的に学んだ経験〉	そこにいきなりじゃあ，TOK 的なエッセンスで，なんかこのテキストはどういう視点で書かれていて，筆者の考えをもとに線をひきなさいとかって言っても，え何々？みたいな，になりますね。

となりうることがわかった。また，基礎研究では，TOK には解決策における記述はないと述べたが，〈問題を見出して解決策を考えること〉のグループ化もあり，問題を見出して，解決策に向かうようなプロセスも起こりうることが分かった。一方で，【生徒の資質と深い学び】も概念化され，〈主体的・対話的に学んだ経験〉の影響や，深い学びに到達できる生徒は〈主体的・対話的に学ぶ生徒〉であることが示唆された。また，〈見方・考え方を働かせること〉に関するテキストデータの中には「対話的な学び」と重なるものが多く，TOK の趣旨を踏まえた授業においては，その「主体的な学び」と「対話的な学び」が生徒の「深い学び」に影響する可能性も示唆された。

　以上の TOK の趣旨を踏まえた授業における「主体的・対話的で深い学び」「主体的な学び」「対話的な学び」「深い学び」において，それぞれ概念化されたものを，以下の概念図とストーリー・ラインに構造化した。

> ストーリー・ライン：TOKの趣旨を踏まえた授業は【主体的な学びへの親和性】【対話的な学びへの親和性】【深い学びへの親和性】があり，【主体的・対話的で深い学びへの親和性】があると授業実践者は感じている。一方で，【主体的・対話的で深い学びとの親和性の一部に対する疑問】もある。具体的な懸念や疑問として，「主体的な学び」においては【テーマが生徒の主体性に与える影響】が起こりうる。「対話的な学び」においては【文献との対話の限界】や【生徒同士の対話の疑問】もあり，対話的な学びの在り方には多様性がありそうだ。「深い学び」においては特に〈見方・考え方を働かせること〉が実現できる可能性が高い一方で，【深い学びと生徒の資質の影響】も指摘された。〈主体的・対話的に学ぶ生徒〉の資質や〈対話的に学んだ経験〉の影響が考えられ，「深い学び」が単独で存在するというよりは，「主体性」や「対話的」な学びが関連する可能性がある。

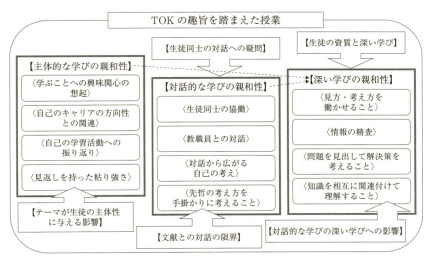

図8.3　概念図「TOKの趣旨を踏まえた授業と主体的・対話的で深い学び」

　上記の概念図を基に，TOKの趣旨を踏まえた授業と学習指導要領の「主体的・対話的で深い学び」として示されたものとの比較をし，概念化されたものとの共通点を**表8.9**で示す。基礎研究で比較したTOKよりも「主体的・対話的で深い学び」の多くの要素を網羅できていることがわかった。一方ですべてが網羅されているわけではなく，例えば，対話的な学びにおける「地域の人との対話」に関する概念化はされず，教師や生徒等の限定的な対話に留まった。

表 8.9　学習指導要領「主体的・対話的で深い学び」と TOK の趣旨を踏まえた授業の概念図との共通項目

主体的な学び	学ぶことに興味や関心を持ち，自己のキャリア形成の方向性と関連付けながら，見通しを持って粘り強く取り組み，自己の学習活動を振り返って次につなげる「主体的な学び」が実現できているか。
対話的な学び	子供同士の協働，教職員や地域の人との対話，先哲の考え方を手掛かりに考えること等を通じ，自己の考えを広げ深める「対話的な学び」が実現できているか。
深い学び	習得・活用・探究という学びの過程の中で，各教科等の特質に応じた「見方・考え方」を働かせながら，知識を相互に関連付けてより深く理解したり，情報を精査して考えを形成したり，問題を見いだして解決策を考えたり，思いや考えを基に創造したりすることに向かう「深い学び」が実現できているか。

注：下線は筆者による。

4.　考察

　これらの研究から以下の３点が明らかになった。はじめに，TOK の趣旨を踏まえた授業を「主体的・対話的で深い学び」の観点から分析すると，特に「深い学び」の「見方・考え方」に関して概念化できるテキストデータが多く存在した。TOK と学習指導要領の比較においても，「深い学び」に関する記述が多く，「深い学び」の実践に通じる可能性は高いといえる。一方で，その前提としての【生徒の資質と深い学び】や【対話的な学びの深い学びへの影響】の概念化もあった。このことから，「深い学び」が単独で成立しているというよりは「主体的な学び」や「対話的な学び」を基盤として成り立つ可能性も指摘できる。

　次に，授業実施においては，テーマ設定が生徒の主体性に影響し，それぞれの学校や生徒の実態に合わせた対話の在り方が存在し，そこには授業実践者の試行錯誤があることがわかった。一方で，他のテキストデータから概念化されたものの中には【授業実践者自身の授業の変化】【他教科，他教員との連携】等もあり，実践者の成長や他の教員や教科との連携も生まれている可能性が高い。

第Ⅲ部　各教科に焦点を当てた教育方法

最後に，TOK の趣旨を踏まえた授業は，授業実践者の気づきを分析すると，学習指導要領の「主体的・対話的で深い学び」の多くに通じることもわかった。授業の概念は，IB の TOK における記述よりも，多くを網羅できる可能性も示され，実践者の想いや意図，生徒の実態を反映し，「主体的・対話的で深い学び」を実現するために，より多様な展開になりうる。授業実践者は TOK を参考にそれぞれの教科で授業実践をすることで，各校や教室を踏まえた工夫をし，総合的に「主体的・対話的で深い学び」を実現できる可能性があると考える。

5. まとめと課題

IB の趣旨を踏まえた授業の中で，特に TOK 趣旨実践を複数の教科から取り上げた。TOK および TOK の趣旨を踏まえた授業実践が学習指導要領の「主体的・対話的で深い学び」の観点から，どの程度親和性があり，どのような可能性および限界があるかの検証として，IB の TOK に関する記述を分析し，さらに TOK の趣旨を踏まえた授業実践者のインタビューを，SCAT 分析を一部改変した方法で分析した。基礎研究の結果，以下の 2 点が明らかになった。

① TOK は「主体的・対話的で深い学び」の多くを網羅できる可能性がある。
② TOK に関する資料には「主体的・対話的で深い学び」における見通し，粘り強さ，解決策等の一部に関しては特に記述がないため，TOK 単独で「主体的・対話的で深い学び」の実践となるとは必ずしもいえない。

続いて，その TOK の趣旨を踏まえた授業実践に関して，調査研究では授業実践者の視点から分析した。その検証の結果，以下の 3 点が明らかになった。

① TOK の趣旨実践は特に「深い学び」の実践に通じる可能性が高い。
② 同実践には，それぞれの学校に応じた実践の形態があり，それに伴う実践者の試行錯誤がある。
③ 同実践は「主体的・対話的で深い学び」の多くを網羅できる可能性がある。また，TOK を参考に授業者が試行錯誤し，それぞれの教科の枠組で授業実践をすることが「主体的・対話的で深い学び」の実践により繋がる可能

性がある。

一方で、いくつかの限界もある。はじめに、授業実践者の人数が調査時点ではまだ限定的だったことや1年未満の実践者もいた。また、実践者の主観部分があり、経験年数によっても捉え方も異なることが本研究の限界点である。また、SCAT分析を一部改変した方法での分析において、研究者の主観の影響も否定できない。授業実践が多く広がり、また長期的な実践を経るとさらなる気づきが実践者の中で生まれたり、具体的な文脈での取り組みが増えたりすることで、より多くの観点からの多様な分析が可能になると考える。

また、今回インタビューした授業実践者は教科も多様であったため、一括りに分析をすることは汎用性の観点から一定の意義があるが、限界もある。授業を参観していても、実践者の捉え方や授業展開は実に多様だと感じていた。実践が広がり、各教科のTOKの趣旨を踏まえた授業分析が進むと、TOK趣旨が各教科の特性にどのように活かされるのか等の具体的な検証ができるだろう。

そして、今回のインタビュー対象はTOKの趣旨を踏まえた実践者のみに焦点化したが、IBDPのTOKの実践者のインタビューの分析もあれば、TOKとTOKの主旨を踏まえた授業の両者が持つ良さ、違い、課題に加えて、資料で記述されているTOKと実践との差も、見えてくるだろう。

今回は「主体的・対話的で深い学び」の観点からの分析を試みたが、実際には【教科横断的な視点】【従来の講義型授業からの脱却】【教員自身の授業の変化】等の他の概念も見出された。つまり、TOKの趣旨実践には別の観点からも分析できる。別の観点からの分析から、TOKおよびTOKの趣旨を踏まえた授業の持つ可能性が一層明らかになるだろう。

(5) 成果の活用法

本研究の成果により、TOKの趣旨を踏まえて、各教科で授業を実践することが「主体的・対話的で深い学び」を展開するうえで参考となりうる可能性が示唆された。そのためには各教員が試行錯誤をしながら、各学校の実態に合わせてTOKの趣旨を取り入れることが必要である。またTOKの趣旨を踏まえた授業だけで「主体的・対話的で深い学び」のすべてを網羅するというよりは、

第Ⅲ部　各教科に焦点を当てた教育方法

TOK の趣旨を活かしながら，教科の特色や教科横断的な取り組みを取り入れて，総合的に「主体的で対話的で深い学び」を実現していくことが望ましいと考える。

〔ダッタ・シャミ，木之下（田中）理紗〕

文献

井上志音（2016）「一条校における IBDP-TOK の趣旨を踏まえた国語教育の構想と展開」『未来教育研究所紀要』第 4 集，141-150.

International Baccalaureate（2015）「知の理論（TOK）指導の手引き　2015 年第一回試験」2015 年 2 月改訂.

大谷尚（2008）「4 ステップコーディングによる質的データ分析手法 SCAT の提案――着手しやすく小規模データにも適用可能な理論化の手続き――」『名古屋大学大学院教育発達科学研究科紀要（教育科学）』54 巻 2 号，27-44.

大谷尚（2011）「SCAT: Steps for Coding and Theorization：明示的手続きで着手しやすく小規模データに適用可能な質的データ分析手法」『感性工学：日本感性工学会論文誌』10 巻 3 号，155-160.

大塚恵理子（2014）「「知識の理論」（TOK）と総合的な学習の時間」『電子情報通信学会技術研究報告：信学技報』第 112（442）号，7-12.

川口純・江幡知佳（2017）「日本における国際バカロレア教育の需要実態に関する一考察」『筑波大学教育学系論集』41 巻 2 号，35-48.

国際バカロレア・ディプロマプログラムにおける「TOK」に関する調査研究協力会議（2012）「国際バカロレアディプロマ・プログラム　Theory of Knowledge（TOK）について」文部科学省ホームページ．（http://www.mext.go.jp/component/a_menu/education/detail/__icsFiles/afieldfile/2012/09/06/1325261_2.pdf）（2018 年 5 月 22 日閲覧）

渋谷真樹（2013）「日本の中等教育における国際バカロレア導入の利点と課題――特別活動に着目して――」『奈良教育大学教育実践開発研究センター研究紀要』22 巻，87-94.

福士元春・名郷直樹（2011）「指導医は医師臨床研修制度と帰属意識のない研修医を受け入れられていない――指導医講習会における指導医のニーズ調査から――」『医学教育』第 42 巻 2 号，65-73.

文部科学省（2012）「平成 24 年度新規事業説明」．（http://www.mext.go.jp/a_menu/hyouka/kekka/1311777.htm）（2024 年 8 月 31 日閲覧）

文部科学省（2017）「幼稚園教育要領，小・中学校学習指導要領等の改訂のポイント」（http://www.mext.go.jp/a_menu/shotou/new-cs/__icsFiles/afieldfile/2017/06/

16/1384662_2.pdf）（2018 年 5 月 22 日閲覧）

矢野裕俊（2012）「国際バカロレアの比較をとおしてみた高等学校教育課程の現状と問題点」『武庫川女子大学大学院　教育学研究論集』第 7 号，27-34.

矢野裕俊（2017）「国際バカロレアとグローバル人材育成に向けた各種取り組みの連携について」『国際バカロレアを中心としたグローバル人材を考える有識者会議第 2 回会議発表資料』資料 6.

渡邊雅子（2014）「国際バカロレアにみるグローバル時代の教育内容と社会化」『教育学研究』第 81 巻第 2 号，40-50.

第Ⅲ部　各教科に焦点を当てた教育方法

第9章

小学校における初等教育プログラム（PYP）の受容実態と実践展開

> キーワード：国際バカロレア（IB），初等教育プログラム（PYP），
> 受容実態，実践展開

1. 日本における初等教育プログラム（PYP）認定校の教育課程の特徴

　国際バカロレア（International Baccalaureate：IB）とは，国際バカロレア機構（International Baccalaureate Organization：IBO）が提供する国際的な人材育成を目指す3歳から19歳を対象とした国際教育プログラムである。16歳から19歳を対象とするディプロマ・プログラム（Diploma Programme：DP）の修了生には，世界共通の大学入学のためのスコアが与えられ，大学入学資格としてそれを活用することができる。IBでは，DPのみ試験があり，3歳から12歳を対象とする初等教育プログラム（Primary Years Programme：PYP）と11歳から16歳を対象とする中等教育プログラム（Middle Years Programme：MYP）には修了のための試験がない。

　文部科学省が告示する学習指導要領に基づいた教育を行うのが学校教育法第一条に定める学校（以下，一条校）であるが，日本では，神奈川県内の私立小学校が一条校として2018年1月に初めてPYP認定校となった。続いて，同年3月に茨城県内の私立小学校がPYP認定校となり，2019年に私立小学校が2校，2020年にも私立小学校2校がPYP認定校となった。日本国内における初めての公立小学校のPYP認定は2021年1月であり，翌年2022年にはさらに私立小学校1校がPYP認定校となり，計8校となった。2022年度までにIB認定

校等を200校にする計画（文部科学省, 2021）が進められ, 全国にIB教育が量的に拡大している。一条校のPYP認定小学校は2018年の初めての認定以降, 年間を通して1校, ないし2校のペースで認定され, 増加している。

　一条校がIB認定校になるためには, 学習指導要領に準拠した教育課程と, IBが定める各種要件を満たしたカリキュラムの両方を同時に編成する必要がある。併せて, IB認定校になるためには, すでに学校としての活動実態があることが認定の条件の一つである。そのため, 一条校がIB認定校となるためには, すでに学習指導要領に基づいた教育活動が行われ, 国公私立校含めて, 学校としての活動実績が必要となる。したがって, PYP認定小学校のすべての一条校ではIB認定前から, 学習指導要領に基づく教育が先に行われおり, そこにPYPを後から導入していくプロセスを経る。

　小学校学習指導要領（平成29年告示）（文部科学省, 2017a）では, 国語や算数

別表第一（第五十一条関係）

区　　分		第1学年	第2学年	第3学年	第4学年	第5学年	第6学年
各教科の授業時数	国　　語	306	315	245	245	175	175
	社　　会			70	90	100	105
	算　　数	136	175	175	175	175	175
	理　　科			90	105	105	105
	生　　活	102	105				
	音　　楽	68	70	60	60	50	50
	図画工作	68	70	60	60	50	50
	家　　庭					60	55
	体　　育	102	105	105	105	90	90
	外　国　語					70	70
特別の教科である道徳の授業時数		34	35	35	35	35	35
外国語活動の授業時数				35	35		
総合的な学習の時間の授業時数				70	70	70	70
特別活動の授業時数		34	35	35	35	35	35
総授業時数		850	910	980	1015	1015	1015

図9.1　小学校学習指導要領

出所：文部科学省（2017a）

第Ⅲ部　各教科に焦点を当てた教育方法

などの教科教育と年間の総授業時数の細かい規定があり，上学年ほど区分（教科）と授業時数は増加する（図9.1）。例えば，小学1年生では，国語・算数・生活・音楽・図画工作・体育・道徳・特別活動の全8区分（6教科），総授業時数が850時であるのに対し，小学6年生では国語・社会・算数・理科・音楽・図画工作・家庭・体育・外国語・道徳・総合・特別活動の全12区分（9教科），総授業時数1015時となる。一方でPYPでは，教科の枠に縛られない探究をベースとした学びを重視する代わりに，学年による教科数が細かく規定されていない。PYP全体を通して，言語・社会・算数・芸術・理科・体育（PSPE）の6つの学びが展開される。

　小学校学習指導要領に基づいた教育にPYPを導入していくためには，学習指導要領の規定に，教科横断型の学びによって特徴づけられるPYP特有の探究（Unit of Inquiry：UOI）を中心とした教科横断型学習を融合させてカリキュラムを再編する（図9.2）。例えば，国語の教科では，検定教科書を用いた国語の教科教育を行うとともに，PYPの探究の単元を導入して，新たに「国語探究」という教科を教育課程の一部として追加する。学校で用いる時間割には，

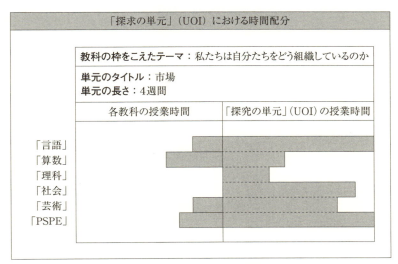

図9.2　探究の単元の時間配分

出所：国際バカロレア機構（2016）

	月	火	水	木	金	土
	朝の会					
1	道徳	英語	英語	算数	国語	体育
2	理科探究	探究	社会探究	国語	体育	体育
	中休み					
3	音楽	図工	算数	図工	国語探究	国語
4	算数	理科	音楽	算数探究	英語	算数
	昼食					帰りの会
	昼休み					※土曜日は隔週登校
	清掃					
5	社会	体育	国語	理科	算数	
6	国語	社会	総合	国語	特別活動	
	帰りの会					

※色付きは探究を行う

図 9.3　PYP 認定小学校の時間割の例

「国語」と「国語探究」という 2 種類の教科が記載されるが，いずれの教科も学習指導要領としては，国語の教科として見なし，PYP としては，「国語」を言語の教科として，「国語探究」を探究の単元として扱う。したがって，探究と「国語探究」や「理科探究」などの「教科＋探究」と記載された時間割の授業内では，教科横断型の探究的な学習が行われる（**図 9.3**）。

2. PYP としての教育方法論

（1）教科と探究の融合

　次に本項では，小学校学習指導要領（平成 29 年告示）（文部科学省，2017a）と PYP の教育カリキュラムの枠組みを比較検討し，一条校における IB 教育の方法論と課題について検討する。

　一条校の IB 認定校は，学習指導要領に明確に規定された学習内容を網羅しつつ，IB 教育が志向する構成主義（constructionism）的な学習方法（国際バカロレア機構，2016）を活用しなければならない。ここでいう構成主義とは，とも

に世界をつくり上げるという視点である。そのため，一条校のIB認定校では融合的なカリキュラムが形成される。幼少期における教育投資の価値が指摘されているものの（例えばPsacharopoulos & Patrinos, 2004），日本では，大学入学資格として活用できるDPが大きく注目されており，PYPの方法論的研究の蓄積が多くない。

　PYPでは，カリキュラムの構成部分を指導計画と方法論と評価計画の3つと定義する（国際バカロレア機構，2016）。ここでいう方法論とは，すなわち授業方法を意味する。小学校学習指導要領では，児童に必要な資質・能力を育成することを理念として，教育課程を編成し，それを実施・評価し改善していくというカリキュラム・マネジメントが求められる。教育課程の在り方を不断に見直すという側面が重視されているが，指導計画を作成し，教育課程を編成する主体は各学校である。文部科学省（2016）ではカリキュラム・マネジメントを，「全ての教職員が参加することによって，学校の特色を創り上げていく営み」と定義し，教師がカリキュラムを編むという前提を強調する。これに対してPYPでは，学びの対象として児童を直接指すのではなく「私たち」という代名詞を用いて学習者を広義に捉える。学校を「学び合うもののコミュニティー」と捉え，誰もが学習者となり，児童のみならず，教師としての技能の研鑽も包摂する。カリキュラムの作成では，学習すべきゴールを先に設定し，そのためのスキルを獲得し活用する学習内容を，学習が自ら選択していく教育方法（逆向き設計）が取られている。

　PYPでは，6つの探究の単元を導入する（**表9.1**）。幼稚園の場合，この単元を年間4つ以上選択し，教師の判断で時間を配分し，探究が展開される。期間は，年間を通しても良いし，数週間でも良い。2つの単元を同時に進行しても，終えた単元をさらに繰り返して学んでも良く，幼児の学びの

表 9.1　探究の単元（UOI）

1.	私たちは誰なのか
2.	私たちはどのような場所と時代にいるのか
3.	私たちはどのように自分を表現するのか
4.	世界はどのような仕組みになっているのか
5.	私たちは自分たちをどのように組織しているのか
6.	この地球を共有するということ

実態に合わせ柔軟に展開される。小学校では、全6つの単元を、年間を通じてバランスよく行う。

(2) PYPにおける概念的思考

具体的な授業場面に、PYPの文脈を照らしてみる。小学校学習指導要領（平成29年告示）（文部科学省、2017a）には、以下の記載がある。

第5節　生活
各学年の目標及び内容
〔第1学年及び第2学年〕
(7) 動物を飼ったり植物を育てたりする活動を通して、それらの育つ場所、変化や成長の様子に関心をもって働きかけることができ、それらは生命をもっていることや成長していることに気付くとともに、生き物への親しみをもち、大切にしようとする。

生活科ではこの目標のために、アサガオなどを育て、植物の生長を観察する単元を取り入れることが多い。児童は、アサガオの生長のために、支柱を立てたり、水やりをしたりするなかで生命に関心を持ち、定期的な記録を通して観察し、変化に気づき、大切に育てる。この際に一般の小学校で多く用いられる

図9.4　アサガオの観察ワークシート

図9.5　重要概念を用いたワークシート

ツールが，**図 9.4** のようなワークシートである。こうした授業場面では，教師は主に 2 つの声掛けを児童らにする。一つが四角の枠内に全体の絵を描くことである。次に，気づきを文章でまとめるように指示を出す。そして，これらの指示を基準に，児童らは学習活動を始める。

　このような小学校の生活科の授業を PYP における探究の単元として展開させるには，重要概念（Key Concepts：キーコンセプト）を通した学びが多く用いられる。このような概念的思考は，児童が，気づきを文章等でまとめる際に，どのような視点からまとめれば良いかという鍵となる。ワークシートには鍵となる概念が記載され，観察対象を，それぞれの概念をレンズとして思考する。例えば，どのような Form（形・構造等）で，どのような Change（変化等）が見られ，どのような Function（働き・作用等）があるのかという概念のレンズからアサガオを観察することで，思考を整理する（**図 9.5**）。また，このような探究の単元の始まりでは，小学校学習指導要領のように，成長（生長）に気づき，生き物への親しみをもち，大切にしようとすることに到達することを目標として設定しない。例えばこの場合だと，探究の 6 つの単元（**表 9.1**）から「世界はどのような仕組みになっているのか」を教科の枠をこえたテーマ（Transdisciplinary Themes）として選び，「生き物は周りの様子に合わせて変わる」を中心的アイデア（Central Idea）として「生き物とは何か」とか「植物とは何か」という問いから学びをスタートしてもよいだろう。ここでの中心的アイデアは，教科の枠をこえたテーマを選んだ後に，実際に扱う教材から案出されるものである。学習指導要領の目標と実際の教材から案出される学習指導案における「単元の目標」と同じ性質だと思われるかもしれないが，中心的アイデアは，「単元の目標」とは異なり，必ずしも児童が何かができるようになったり，何かをしようとしたりすることをねらう指導者的立場から記述するものではない。探究の単元は，知識や技能の獲得型学習とは異なり，思考を整理したり活用したり関連づけたりする概念型の学習モデルである。そのため PYP では，探究的に学ぶプロセスの充実が目指される。

第 9 章　小学校における初等教育プログラム（PYP）の受容実態と実践展開

3. PYP の実践展開

　IB の学びの特徴の一つに，教科の枠をこえたモデルがある。これは，従来科目の範囲を超えた学びの形であり，各教科のさまざまな視点から物事を捉えていく学習の枠組みである。小学校学習指導要領解説国語編（文部科学省，2017b：以下，小学校学習指導要領国語）においても，こうした教科の枠に捉われない物事の「見方・考え方」を働かせることは深い学びの鍵となるとして強調されている。ここでいう「見方・考え方」とは，「どのような視点で物事を捉え，どのような考え方で思考していくのか」という教科等ならではの物事を捉える視点や考え方である。

　本節では，PYP として導入が提案されている演劇創作における児童と教師の学びに焦点を当てる。演劇は，小学校国語科の授業においても音読劇や学級劇などで取り入れられることが多い。演劇創作の指導のねらいのひとつは，PYP と小学校国語科に共通する教科の枠に捉われない学びにある。

（1）PYP と演劇創作

　IB は共通して「自分と異なる考えの人々にもそれぞれの正しさがあり得ると認める」ことで学習者同士が共感し合い，児童生徒が横断的に学び続けていけるように働きかけていくことを目的（mission statement）としている。PYPでは，児童らと教師が学びの仲間として認め合いながら議論し，相互に連携しながら学んでいく教育実践が展開されている。こうした多様性を認め合う学びで重視されるのは，構成主義の視点からの教育実践である。

　構成主義の視点では「個人主義的な自己」として存在は捉えられず，「関係性の中の自己」によってあらゆる存在が定義されることになる。したがって，PYP の教育実践においては学びのプロセスの中で，個ではなく場としての力が注目されるべきであるが，学校現場では，児童が何らかの外的な学習基準に達するまでに必要とされる練習回数や，到達度をめぐって，教授法と評価法の議論が今日も行われているのが現状である。通知表・成績表や学力テストによる個人評価が例外なく行われている学校教育が物語るように，個人主義の概念

は日本の伝統的な教育現場に根強く染みわたり，今日の教育を支えている。伝統的な学校教育では，知識は教科書や教師，そして子どもの中に在るものとして実存的に捉えられ，学習者によってつくられた意味は個人の頭の中に存在するものとして語られているだろう。

Gergen（1999）は，科学的事実も関係性の産物であって，一つの文化的価値でしかないという。この視点からは，個人主義的な自己を科学的事実で測ることはできないし，個人主義的な感受性によって科学的事実を評価することもできない。そのため，普遍の事実を確立するという科学的な解釈が大切ではなくなる。大切なのは，科学的な普遍性の発見を目的としない対話である。そして，対話における関係性がまた新たな関係をつくり，意味が生成され，学習者たちが主体的に新しい未来をつくり出すと考えるべきである。この視点から教育へアプローチしてみると，学習そのものの意義や捉え方が見直され，構成主義の理論や枠組みを援用した新たな学びが提示できることになるであろう。本節では，この視点からPYPの具体的な教育実践の事例（菅井，2019）を眺めてみる。

2018年9月に行われた関東圏内のPYP認定小学校における異学年集団（1年生7名，2年生6名，3年生6名，4年生5名，計24名）が交流し学び合った教育実践を紹介する。本実践は，同年12月に異学年集団で行われる劇発表会へ向けた劇づくりの導入の授業であり，哲学対話形式で対話が展開された。そこでの教師と児童の対話をスクリプト化し，対話場面を「話段」（ザトラウスキー，1993）を1単位として区分し場面の抽出を行った。

哲学対話形式の対話は24分48秒行われた。その中から48の話段が抽出された。話段は，話者が意図したと考えられる会話の「目的（goal）」の達成を一つの対話の終結と捉える対話場面のことである。例えば，**表9.2**に示した場面では，「なんで劇するの」の教師の問いかけから生じた対話の「劇をする目的の回答」という目的が達成されたことが読み取れる「伝えるため」という教師の発話までを一つの話段として定義し，対話場面を抽出した。抽出された話段を新原（2017）を参考に〈正解のある発問／正解のない発問／確認／指示／その他〉に分類を試みた。その際，教師の発話が〈正解のある発問／正解のない発問／確認／指示〉に分類できたことと，〈その他〉に分類された児童の発話

表9.2　やりとりの単位の区分の例

発話者	発話
教師	はい，なんで劇するの？
児童	ええっと，ほかのホームとか自分のホームとか，学校中に，えっと，その，何をやっているか伝えるため。
教師	伝えるため。それを聞いて何か？同じ意見とか，かぶせる意見とか，反対意見とか，何でも。

出所：菅井（2019）を参考に作成。

がすべて自身の意見を追加する目的での発話であったため，〈その他〉を〈追加〉として分類することとした。

　この話段の分類結果を**表9.3**に示した。教師の発話では〈正解のある発問〉と〈確認〉がそれぞれ3割以上，〈正解のない発問〉が約1割，〈指示〉が約2割で構成されていた。児童の発話は〈確認〉が3割以上，〈正解のない発問〉と〈指示〉と〈追加〉がそれぞれ約2割，〈正解のある質問〉が1割未満で構成されていた。これらの結果から，教師は事前に明確な正答を用意して行われる〈正解のある発問〉と，話題が正しいかどうかを確かめる〈確認〉の発話が多いことがわかり，劇づくりに向けての「こうあるべきだ」という考えを持ったうえで児童を誘導していることが推察される。一方で児童は，話題の正しさを確かめる〈確認〉や明確な正答を予期せずに行われる〈正解のない発問〉を多く用いて対話していることが示された。児童らは異学年交流において，正しいかどうかを確かめながら答えが一義的に定まらない発問を繰り返して，関係性の中で「劇づくり」についての意味を生成していることがわかる。

　IBは学習者同士が多様性を互いに認め合うことを目的の一つとしている。対象校の取り組みにおいても異なる他者を認め合うために異学年交流を積極的

表9.3　対話場面の分類結果

	正解のある発問	正解のない発問	確認	指示	追加	計
教師	10	4	11	6	0	31
児童	1	4	6	3	3	17

出所：菅井（2019）を参考に作成。

に採用していた。そこでの教師と異学年児童らの対話形式の議論では，教師は課題解決に向けて誘導的な発話を多く用いていたことが確認された。こうした従来型の「事前に設定された正しい答えに児童を導く」という概念は個人主義に基づいているため，関係性の中から意味が生成されるということが考慮されておらず，集団交流は十分に機能しないことが予測される。ものごとを解決する方法として，対話形式の議論にとって代わる有望な手段とはいったいどんなものであろうか。それは，真実が個人のどちらの側にもなく，課題解決には多様な側面があるのだという構成主義の視点からアプローチすることであると考えられる。ともに対話することで，これまでにない結果が創造的に構成される。こうしたアプローチによって新たな意味を生成し，多角的に新たな発見がされることが望ましい。子どもたちの未来の学びは，関係性の中で形づくられる。

(2) PYP 認定小学校における校内教員研修

　日本において教員研修は，公立学校の場合，教育公務員法特例法第二十条第2項，および第二十二条によって，任命権者が研修を計画し，教員に研修の機会を与えなければならない旨が定められている。教員研修は，都道府県，あるいは政令指定都市の教育センターなどの各行政機関で実施する研修や学校内で講師を招いて行われる研修などがあるが，それらの種類は大きく分類して，自己研修，校内研修，校外研修の3種の研修が公立学校の教員研修として扱われている (教職員支援機構，2018)。国立，および私立の一条校においても同様に教員研修が行われており，とりわけ国公私立学校での校内研修は，各学校の実態に即して独自に行われる。

　IB における教員研修とは，ワークショップ (WS) を指し，その形式は，オンライン，対面，グループセッションなどがある。DP では，校外研修として教師が国際バカロレア機構公式の WS に参加したり，PYP では，インスクール WS として，国際バカロレア機構から講師を招き，全教師対象の校内研修として国際バカロレア機構の講師が教員研修を実施したりすることがある。大迫・小澤 (2018) では，PYP 認定校における対面形式のインスクール WS の校内研修を推奨しているものの，インスクール WS の毎年の開催は認定継続の

必須条件ではない。そのため，一条校のPYP認定小学校では，一条校としての学習指導要領に基づく教科教育と，IBとしての教育活動の充実を図ることの2つの側面から，日本の教育とIB教育の融合的な校内研修が独自に行われる。

　前述のように一条校の小学校のPYP認定は2018年が初めてである。PYP教育の実践の蓄積は，伝統的な日本の教育に比べて十分でない。したがって，PYP認定小学校には，IB教育のノウハウがわからず，IB教育に苦手意識をもつ教員もいることが予想される。

　このような中で，教員一人ひとりが孤立化することなく，独自の得意分野を活かし，教育活動の場面で連携し，協働していくことは，一条校のPYP認定小学校の喫緊の課題である。その課題解決のためには，教員一人ひとりの専門性に基づくチームとしての学校体制の構築を目指して，学校での協働の文化が醸成されなければならない。一条校として，およびPYP認定小学校としての2つの側面をもつ小学校では，学校としての仕組みやIBへの理解を深めるとともに，教育をともに担っていくチームの一員であるという意識が，より一層，教員に求められる。

　小学校学習指導要領国語では，「言語活動を通して」「伝え合う力を高め」「思考力や想像力を養う」といった日本の国語教育として目指されるべき児童の学びの方向性が具体的に記されている。これらの記載から，日本の伝統的な教科教育としての国語に期待される言語能力の育成は，複数の教科等領域における学習活動を支える基盤作りにつながる側面があるといえる。そのため，「国語で正確に理解し適切に表現する資質・能力」をどのようにして育成するべきかという効果的な授業方法を，教員同士が協働し，共有し合いながら探っていくことは，日本の伝統的な教育が展開される一条校として求められている「チーム学校」（文部科学省，2015）の構築を目指すことに繋がる。

　一方でIBにおいても，授業方法として「児童の発達や学習法に合わせた形で，リソースが提供され」たり，演劇創作などの学校環境には「さまざまな種類の適切なリソース」が示されたりすることの有効性が強調されている（国際バカロレア機構，2016）。そして，その具体として「Function, Change, Reflection, Causation, Perspective, Connection, Responsibility, Form」からなる8種（ま

たは Reflection を除いた 7 種）の重要概念を活用し学びを探究することが提案されている。これらの重要概念は，授業で適切に活用されることが IB において望ましい。したがって，一条校の PYP 認定小学校において，「国語で正確に理解し適切に表現する資質・能力」を育成するために，これらの IB の重要概念をどのように日本の伝統的な教育へ導入していけばよいのかという点が検討されるべきである。

　このように，一条校の PYP 認定小学校では，日本の教育と IB 教育とのそれぞれの良さを活かすための教員研修が展開され，IB 教員の資質・能力の育成が目指されなければならない。しかし一方で，日本において一条校の PYP 認定小学校での具体的な授業場面に焦点化した教育実践研究や，人材育成のための校内教員研修の事例検討は十分な蓄積がない。今日も，各教師は重要概念を用いてはいるものの，各々が探索的に授業を進めている。本項では，具体的な授業場面として，PYP の演劇創作の国語の授業に焦点を合わせ，IB の重要概念の活用の現状，および実践上の課題を整理することを試みた校内教員研修に着目する。対象の校内教員研修は 2019 年 8 月 27・28 日，関東圏内の PYP 認定私立小学校にて行われた。

　研修では参加者である教員 24 名が LTD 話し合い学習法（安永，2006）に取り組んだ。LTD 話し合い学習法とは，参加者が 8 つのステップからなる書き込み式のワークシートに記入することで予習ノートを作成しながら，学習内容を理解し，自分が持っている知識や経験との関連づけを行ったうえで学習に臨む方法である。1 日目（8 月 27 日）の研修では，研修の講師である筆者が，LTD 話し合い学習法の概要を説明し，IB 教育について理解を深めることを企図していることを参加者に説明した。その後，IB 教育プログラム，および重要概念についての質問について参加者が記述して，予習ノートを各自作成した。なお，用いた予習ノートは，本研修のねらいに沿うように，対象校国語科教科部会で検討のうえ，事前に筆者が各ステップを編集した。編集した 8 つのステップは**表 9.4** の通りである。

　2 日目（8 月 28 日）の研修では，参加者が 6 人ごとの少人数グループに分かれ，以下の 8 つのステップ（計 60 分）にしたがって，各自作成した予習ノートをも

表 9.4 LTD 話し合い学習法予習ノート

STEP		予習内容
1	課題文の通読：	（本研修では省略）
2	語彙の理解：	Key Concepts で難しいことを書き出し，意味を調べましょう。
3	主張の理解：	Key Concepts で，最も重要な点を，自分の言葉で言い換えてまとめましょう。
4	構造の理解：	PYP 教育全体のアウトライン・主張・根拠をまとめましょう。
5	他の知識との関連づけ：	教育経験から得られた，関連する知識を書き出しましょう。PYP の主張との類似点や相違点も検討し，それについて考えたこともメモしましょう。
6	知識の再構築：	Key Concepts を使ってみて，自分の考えが変わったと思う点，また，PYP の内容と自分の個人的な体験の関連についてまとめましょう。
7	課題文の評価：	PYP の良い点，疑問点，改善できる点について，考えを書きましょう。
8	シミュレーション：	（本研修では省略）

出所：菅井（2022）を参考に作成。

表 9.5 LTD 話し合い学習法（8/28 実施）

STEP	学習活動	時間（計 60 分）
1	導入の雰囲気づくり	3 分
2	言葉の定義と説明	3 分
3	全体的な主張の討論	6 分
4	話題の選定と討論	12 分
5	他の知識との関連づけ	15 分
6	自己との関連づけ	12 分
7	学習課題の評価	3 分
8	学習活動の評価	6 分

出所：菅井（2022）を参考に作成。

とに重要概念への理解と評価を深めていった（**表 9.5**）。なお，2 日目の全ステップの工程の前後に参加者に記録用紙を用いて事前調査と事後調査を実施した。

　各調査では以下の項目に評定（100 点満点）を求めた（**表 9.6**）。本研修後，参加者 24 名が取り組んだ LTD 話し合い学習法予習ノートと，事前調査・事後調査の記録用紙の提出を求めた。分析には，提出された LTD 話し合い学習法予習ノートと，事前調査・事後調査の記録用紙の記載内容をデータとして使用した。

　事前調査と事後調査の各項目の評定平均を**表 9.6** に示した。事前調査の「1. わたしは事前準備（予習）が出来ている。」「3. わたしは課題の内容を理解できている。」「5. わたしは今日のミーティングに貢献できると思う。」の 3 項目の評定が 50 点を下回った。

　一方で 70 点を上回った項目は事前調査の「2. わたしは今回の課題に興味・関心を持っている。」「4. わたしは今日のミーティングに参加したい。」の 2 項目と，事後調査の「1. 今日のミーティングでは，グループ全体としてステップ

表 9.6　各項目と平均評定（100 点満点）

【事前調査】	評定平均	【事後調査】	評定平均
1. わたしは事前準備（予習）が出来ている。	47.1	1. 今日のミーティングでは，グループ全体としてステップをうまくできた。	71.3
2. わたしは今回の課題に興味・関心を持っている。	71.7	2. 今日のミーティングを通して，課題に対するわたし個人の理解が深まった。	74.4
3. わたしは課題の内容を理解できている。	47.1	3. 今回の課題に対するわたしの興味・関心が高まった。	77.5
4. わたしは今日のミーティングに参加したい。	73.3	4. この学習法で，また学びたい。	67.1
5. わたしは今日のミーティングに貢献できると思う。	49.6		
6. 今日のミーティングでは，全体として，各ステップをうまくおこなえると思う。	57.5	・自由記述〈テーマについて〉〈ミーティングについて〉	

出所：菅井（2022）を参考に作成。

をうまくできた。」「2. 今日のミーティングを通して，課題に対するわたし個人の理解が深まった。」「3. 今回の課題に対するわたしの興味・関心が高まった。」の3項目であった。これらの結果を，次の3点から整理する。

　1点目は，重要概念，およびPYPを題材とした本研修への教員の認識である。本研修では，予習ノートを事前に作成し，各教員は学びへの準備をしていたものの，準備状況と課題の理解，および自身の研修への貢献に関して，一定程度，否定的な認識をしていたことが示された。

　2点目は，重要概念，およびPYPへの教員の興味・関心と学ぶ意欲である。これらの観点については，事前調査から教員の高い興味・関心，意欲が確認された。したがって，1点目と2点目から，参加者である教員の多くが，本研修以前から日常的に重要概念の活用について興味・関心があり，それらについて学ぶ意欲を持っているものの，それに対する理解が十分でないと認識する教員が多くいることがわかった。

　3点目は，重要概念，およびPYPを題材とした対話型研修の有効性である。事後調査では，教員の多くが本研修を円滑に進めることができ，そのことを通して理解を深め，興味・関心がさらに向上したと捉えていることが示された。このことから，1点目の一定程度の否定的な教員の認識が，本研修を通して被

表 9.7　テーマについての自由記述のカテゴリ

カテゴリ	切片数（％）	記述例
IB教育への理解の深まり	18（46％）	IBの学校として，どう子どもと関わっていくかを考えることができ，有意義な研修になった。
授業への活用	12（31％）	PYPの各要素（キーコンセプト）の目的と内容を改めて，自分の中に落とし込んで，2学期に臨みたい。
教員同士の協力	7（18％）	新しい学校を試行錯誤しながら，まさに教員たちで形づくっていることを実感した。
その他	2（5％）	課題がわからなかった。

出所：菅井（2022）を参考に作成。

覆的に好転したと捉えることができ，対話型研修の有効性が示唆された。

　次に，自由記述を，意味のある最小のまとまりで切片化し，KJ法 (Kawakita, 1975) を援用して全切片をカテゴリ化した。テーマについての自由記述は，全39切片に分けられ，「IB教育への理解の深まり」「授業への活用」「教員同士の協力」「その他」の4つのカテゴリに分類された（**表9.7**）。「IB教育への理解の深まり」「授業への活用」「教員同士の協力」の3つのカテゴリの合計が95％となった。これらの結果から，教員がIB教育への理解の深まりを実感し，その理解を授業へ活用したいと考え，教員同士で学びを共創できたと捉えていることが示された。

　ミーティングについての自由記述は，全23切片に分けられ，「教員同士のコミュニケーション」「多様な意見を資源とした学びの深まり」「研修デザインへの評価」「IB教育への前向きな姿勢」の4つのカテゴリに分類された（**表9.8**）。

　「教員同士のコミュニケーション」「多様な意見を資源とした学びの深まり」の2つのカテゴリの合計が約80％を占める結果となった。これらの結果から，本研修で，参加した教員同士のコミュニケーションが豊かに行われ，そのときの対話から学びが深まっていったことが示唆された。

　以上のように，PYP認定小学校において実施されたLTD話し合い学習法を援用した教員研修の有効性として，教員の認識の好転的な変化と学びの共創，

表9.8　ミーティングについての自由記述のカテゴリ

カテゴリ	切片数（％）	記述例
教員同士のコミュニケーション	10（43％）	普段，話せないメンバーと協働できてよかった。
多様な意見を資源とした学びの深まり	8（35％）	他人の意見をもとに，自分の考えをリフレクションできた。
研修デザインへの評価	3（13％）	意味の構築，共有，再構成の時間が構造化されていてよかった。
IB教育への前向きな姿勢	2（9％）	積極的にキーコンセプトを使いたい。

出所：菅井 (2022) を参考に作成。

そしてそれらのコミュニケーションによる学びの深まりの３点が示された。本事例は一条校のPYP認定小学校の８校の中の１校のみが対象であった。したがって，PYP認定小学校の教員研修の本事例検討は，萌芽的な一例に過ぎないといえるだろう。日本ではPYP認定小学校の増加とともに，これからIBPYPの教師教育の実践事例研究の蓄積が徐々になされていくことが予想されるが，"未知のもの"（川口・江幡，2017）としてIB教育を受容していくのではなく，日本の伝統的な教育の良さも活かしながら，日本型のIB教員の人材育成の研修デザインが今後，形作られていくべきであろう。

　教員同士の対話を試みた教員研修の結果から，話し合い学習による対話型の教師教育の活用の可能性が示唆された。しかし，本事例の調査の統計分析は単純集計にとどまり，実践の現状と課題の整理のための質的な分析は十分でない。

　本実践はIB教員の教師教育の事例の一端に過ぎないが，こうした事例を一つひとつ積み重ね，好事例として蓄積し，日本型IBPYP教育として新たな課題や仮説を検討していく過程こそが，今後日本で発展期を迎えるIBPYPにおいて必要になるだろう。各事例のIB教員の実践状況に基づく課題の整理が進められるとともに，これまでの日本の伝統的な教育の蓄積も活用されるべきである。そのために，PYP認定小学校で展開されている教育実践を日本とIBの両面から改めて評価し，教育課程と授業の改善を図る実践提案が幅広く議論されていくべきである。

〔菅井　篤〕

文献

大迫弘和・小澤伊久美（2018）「国際バカロレアにおける言語の指導―すべての教師は言語の教師である―」『母語・継承語・バイリンガル教育（MHB）研究』14，15-24.

川口純・江幡知佳（2017）「日本における国際バカロレア教育の受容実態に関する一考察：ディプロマプログラム（DP）に着目して」『筑波大学教育学系論集』41（2），35-48.

教職員支援機構（2018）『教職員研修の手引き2018―効果的な運営のための知識・技術―』（https://www.nits.go.jp/materials/text/files/index_tebiki2018_001.pdf）（2022年7月1日閲覧）

国際バカロレア機構（2016）『PYPのつくり方：初等教育のための国際教育カリキュ

ラムの枠組み』(International Baccalaureate Organization (2009). *Making the PYP happen: A curriculum framework for international primary education.* Cardiff: International Baccalaureate Organization (UK) Ltd.)

ザトラウスキー, P. (1993)『日本語の談話の構造分析―勧誘のストラテジーの考察』くろしお出版.

新原将義 (2017)「ワークショップ型授業における教授・学習活動の対話的展開過程」『教育心理学研究』65(1), 120-131.

菅井篤 (2019)「異学年交流への社会構成主義的アプローチ―国際バカロレア認定小学校の取り組みを事例として―」『横浜国立大学教育学会第6回大会発表要綱集録』3-4.

菅井篤 (2022)「国際バカロレア認定小学校における「チーム学校」を目指した教員研修―LTD話し合い学習法を取り入れた試み―」『国際バカロレア教育研究』第6巻, 105-114.

文部科学省 (2015)『チームとしての学校の在り方と今後の改善方策について (答申)』(https://www.mext.go.jp/b_menu/shingi/chukyo/chukyo0/toushin/__icsFiles/afieldfile/2016/02/05/1365657_00.pdf) (2022年7月1日閲覧)

文部科学省 (2016)『幼稚園, 小学校, 中学校, 高等学校及び特別支援学校の学習指導要領等の改善及び必要な方策等について (答申)』(https://www.mext.go.jp/b_menu/shingi/chukyo/chukyo0/toushin/__icsFiles/afieldfile/2017/01/10/1380902_0.pdf) (2022年7月1日閲覧)

文部科学省 (2017a)『小学校学習指導要領 (平成29年告示)』

文部科学省 (2017b)『小学校学習指導要領 (平成29年告示) 解説 国語編』

文部科学省 (2021)「国際バカロレア・ディプロマ・プログラムと学習指導要領との対応関係について」(https://www.mext.go.jp/content/20210428-mxt_kyoiku01-00014639_15.pdf) (2022年7月1日閲覧)

安永悟 (2006)『実践・LTD話し合い学習法』ナカニシヤ出版.

Gergen, K. J. (1999). *An Invitation to Social Construction.* SAGE Publications.

Kawakita, J. (1975). *KJ METHOD: A Scientific Approach to Problem Solving.* Kawakita Research Institute.

Psacharopoulos & Patrinos (2004). Returns to investment in education: a further update. *Education Economics, 12*(2), 111-134.

付記 ご協力下さった児童と教職員の皆様に感謝申し上げます。本章の一部は, JSPS科研費JP21K20206の助成を受けたものです。

第 **10** 章

高校生英語学習者を対象とした
批判的思考指導モデルの検討
──IBDP の批判的思考指導に係る学習理論に着目して

> キーワード：批判的思考，英語教育改革，単元計画，教材，指導
> 方法

1. 背景および問題の所在

　本章の目的は，中級レベルの高校生英語学習者を対象とし，批判的思考に対する態度を育成するための，学術的な裏付けをもった新たな指導方略を明らかにすることである。目的の実現に向け，第一に IB プログラムにおける批判的思考に係る理論を解明する。第二に，IB プログラムに組み込まれている批判的思考指導に係る理論が日本の英語教育の文脈でどのように機能するのかを論じたうえで単元の指導計画の在り方を提案する。

　本章で取り上げる批判的思考とは「何を信じ，何を行うのかの決定に焦点を当てた合理的で反省的な思考」(Ennis, 1985, p.10) といった定義が一般的であるとされる。近年は，批判的思考育成の重要性が世界規模で増しており (Assessment and Teaching of 21st Century Skills, 2010；UNESCO, 1998 など)，こうした国際的な批判的思考への関心は，国内の教育政策にも影響を与えている。DeSeCo による指摘が世界標準となり (安彦，2014)，これに呼応する形で学習指導要領 (平成 30 年告示) にもコンピテンシーの概念が導入され (水原，2017)，批判的思考の育成が国内でもより一層着目されることとなった。

　一方で，高等学校における英語授業では，批判的思考指導が十分に行われていない現状も報告されている。例えば，Kawano (2016) や孫工・江利川 (2019) らは，高等学校外国語 (英語) 科の検定教科書を分析し，暗記・理解するとい

第Ⅲ部　各教科に焦点を当てた教育方法

った学習活動の割合が多く，分析・評価するといった批判的思考に結びつくと
考えられる学習活動が十分に行われていない現状を報告している。

以上の文脈から注目に値するのが，IB プログラムである。高等学校段階で
提供される DP は，学習者の多面的な資質や能力の育成を目指しており，特に
批判的思考の育成を目指す教育プログラムであるとされる（Aktas & Guven,
2015; International Baccalaureate Organization, 2017）。このことから，IB プログ
ラムは，日本の高等学校において，批判的思考指導を行うための新たな教育方
法の開発への道筋を立てるうえで，格好の対象となり得る。

2. IB ディプロマプログラムと批判的思考指導に係る学習理論

DP では批判的思考を育成する方法として，生徒に本質的な問いを投げかけ
ることや，生徒に振り返りをさせたり，協同学習への参加を促したりしている
点に特徴が見られる（International Baccalaureate Organization, 2017）。

ところが DP はさまざまな学習理論に基づき，カリキュラムが構成されてい
るものの（成田，2020），どの教育理論が批判的思考に係る理論なのか，IB 機
構が発行する各種文書では明示されていない。そこで，IB 機構が発行する各
種文書—International Baccalaureate Organization（2015, 2018, 2020a）と，批判
的思考指導に係る教育諸理論を整理した樋口（2013）の研究を突合させること
により，DP における批判的思考指導に係る理論的枠組みの抽出を試みたのが
Akatsuka（2021）による研究である（**表 10.1**）。

IB 機構が発行する各種文書を分析対象とした理由は，次の通りである。1 つ
めは，DP において，どのような教育方法を実践すべきか，といった理念が示
されている文書群であることである。2 つめが，各文書における巻末には IB
機構がどのような学習理論を参照しているのか，参考文献一覧として掲載され
ている点にある。3 つめが，各種文書が全 DP 校に行きわたっており，DP を
指導する全教師がこれらの文書の内容に基づき指導を行っている点にある。す
なわち，DP 校では，原則として，これらの文書で明示された学習理論に基づき，
授業が行われていると考えられるからである。**表 10.1** から，IB ディプロマプ

第 10 章　高校生英語学習者を対象とした批判的思考指導モデルの検討

表 10.1　DP に組み込まれた批判的思考育成に係る学習理論

	人物	出版年	理論的な枠組と特徴
1	Binet and Simon	1905	知能指数（IQ）テスト：特別教育を必要とする生徒のために，注意力，記憶力，問題解決能力を測定するための質問を作成した。
2	Dewey	1933	批判的思考を学問領域として初めて位置付けた。思考力と振り返りの関係性を明らかにし，これを反省的思考と定義するなど，批判的思考研究の原点となった。
3	Anderson & Krathwohl	2001	Bloom ら（1956）による思考のタキソノミー（低次思考力と高次思考力）を改定した。
4	Bruner	1961	発見学習：自分で発見するという行為は，問題解決に必要な情報をより鮮明にすることにつながる，と論じた。
5	Glaser	1963	これまでの思考指導を支えていた心理学の学術背景について，知識，推論，知識の獲得，問題解決といった認知スキルの観点から分析した。
6	Piaget	1970	構造主義：人間の発達は，知性の発達に従って別の構造に再構成される，という理論を展開した。学習者自身が理解して自律的に実践することで新たな知識が得られると論じた。
7	Vygotsky	1986	思考と言語：人間は言語を理解したり使用したりする行為を通して，思考を深めることができると論じた。
8	Resnick and Resnick	1992	教科及び実生活・実社会の両方において問題解決を行うことを目指す指導法を提案した。指導法ではテキストの読解や自己認知を深めること，議論の内容を分析・評価すること重視している。
9	Boyer	1995	教育における最も重要な目標は，言語能力と批判的思考を深めることであると論じた。さらに，言語と思考は互いに関連し合っていると説明した。
10	Kincheloe	2004	「複合的な批判的思考（complex critical thinking）」という概念を提唱し，批判的思考は様々な社会環境や学問領域の中で意図的に教えられるべきであると主張した。
11	Wiggins and McTighe	2005	逆向き設計：本質的な問いを設定し，目標や基準の設定からカリキュラム設計を始め，その後に評価指標を定めるなど，指導を行った後で考えられがちな項目を先に決定していくことから，逆向き設計と呼ばれる。
12	Erickson	2008	概念型学習：知識に関する問い，概念理解を深める問い，議論を喚起する問いの3種類の問いへの応答を求めることで，学習者の批判的思考を深めることができるとした。
13	Costa and Kallick	2009	思考の習慣（Habits of Mind）：実生活でよりよく生きていくために必要な16の思考態度を示した。
14	Gardner	2011	多重知能：多重知能と批判的思考の関係性を明らかにした。
15	Ennis	1985	批判的思考を「何を信じ，何を行うのかの決定に焦点を当てた合理的で反省的な思考」であると定義した。
16	Paul	1987	問いを核とした対話を行う授業によって，学習者の批判的思考が育成され得ることを主張。

出所：Akatsuka（2021）を基に作成（筆者訳）。

ログラムでは 16 個の学習理論が採用されていることが確認できる。批判的思考研究の原点とされる Dewey (1933) をはじめ，Piaget (1970) や Vygotsky (1986) による構造主義に基づく教育理論，人間の思考の性質を論じた Anderson and Krathwhol (2001)，思考を深めるために問いをどのように扱うべきかを論じた Paul (1987)，思考を深めるためのカリキュラムや学習方法の在り方を論じた Wiggins and McTighe (2005)，Resnick and Resnick (1992)，Erickson (2008) など，採用されている理論は多岐にわたる。しかしながら，採用されている理論を大きく分ければ，批判的思考に関する定義，「問い」を通した批判的思考育成の在り方，批判的思考育成を実現させるためのカリキュラムや学習方法，といった主に 3 つに分類できる。では，DP における外国語科目と批判的思考との関連はどの程度見られるのだろうか。

3. IB ディプロマプログラム「言語 B（英語）」における批判的思考指導

　それでは，DP「言語 B（英語）」では，批判的思考をどのように指導しているのだろうか。実は IB プログラムでは，言語を学ぶことは，権力者に従順になることなく，物事に対して批判的に捉える出発点であると強調されている。例えば International Baccalaureate Organization (2014) では「近年のグローバル化の結果，言語と権力の関係，および言語の使われる文脈と言語学習に対する批判的なアプローチは，ますます重要性を帯びています。多様な文化の理解と国際的な視野を育むには，このような言語に対する批判的な認識を育て，この認識が学習における批判的思考でどのような役割を果たしているかについての認識を高めることが重要です」(p.4) と述べ，学習者が権力に対して従順になるのではなく，言語がもつさまざまな機能に対して批判的思考を働かせる重要性を指摘している。とりわけ，言語学習の場面では，それが母国語の学習か第二言語の学習かにかかわらず，テクストの目的，目的に対する力関係や利害関係，行間の読み取り，複数の意味を考えること，を指導することが求められている。特に認知学習言語運用能力（CALP）レベルの学習を通して批判的思

第 10 章　高校生英語学習者を対象とした批判的思考指導モデルの検討

考が育成されるとする立場をとる (International Baccalaureate Organization, 2014)。

こうした考えを受け，「言語B（英語）」では，英語学習者の受動型技能（聞く力，読む力：receptive skills），生産型技能（話す力（発表）・書く力：productive skills），双方向型技能（話す力（やりとり）：interactive skills）に加え，批判的思考を育成することを重視している (International Baccalaureate Organization, 2018)。「言語B（英語）」の「教科ガイド」では，科目の目標として，「言語学習と探究の過程を通して，知的好奇心を喚起し，批判的・創造的な思考力を身につけさせなければならない」(p.13) と説明する。とりわけ，学習者の批判的思考を促す教育方法として，次の5点を挙げる。第一に，批判的思考をもちながら，世の中の重要な課題等に関心を寄せ，他者がもつ価値観や伝統を批判的に考察させることである。第二に，生徒がさまざまなテキストジャンルに触れる機会を設けさせ，内容について分析させることである。第三に，本質的な問いを生徒に投げかけ，考えさせることである。第四に，協同学習を通して学際的な視点を身につけさせることである。第五が，ライティング活動を通して具体例や詳細を書かせ，文章を評価させること，である (International Baccalaureate Organization, 2018)。

International Baccalaureate Organization (2018) は，「言語B（英語）」における批判的思考の習得について，「どのレベル（標準レベル（Standard Level: SL）と上級レベル（Higher Level: HL））においても，多くの技能を習得できるが，特に批判的思考と分析力を身につけることができる」(p.3) と説明する。では，SLとHLでは，求められる批判的思考のレベルはどの程度同一なのだろうか。仮に同一であるとすれば，Floyd (2011) やKoda (2005) およびManalo ら (2013) による研究で明らかにされた，英語熟達度と批判的思考の間には相関関係があるとする主張と矛盾が生じるのではないだろうか。すなわち，SLとHLで求められる批判的思考の程度が同一であるとすれば，SLを履修する生徒は相応の負荷がかかるのではないだろうか。

そこでSLとHLで求められる批判的思考育成の差異を確認するため，「言語B（英語）」の教科ガイド内の受動型技能と生産型技能における到達目標に関

表 10.2 「言語 B（英語）」標準レベル及び上級レベルで求められる受動型技能と生産型技能と批判的思考の程度

	標準レベル（SL）	上級レベル（HL）
受動型技能	・興味のあるトピックについて，個人または専門家，マスメディアが作成した，さまざまな種類のオーセンティックなテキストについて，内容を理解している。 ・書き手や話し手の状況，感情，思いなどを把握している。 ・テキストの内容を比較したり，書き手の簡潔で的確な主張を理解したりしている。 ・文脈から知らない文章，単語，フレーズを推測している。	・個人または専門家，マスメディアが作成した，幅広い種類のテキストについて内容を理解したり，評価したりしている。 ・テキストのテーマ，話の筋，特徴といった，文章の基本的な要素を理解している。 ・書き手の主張を分析したり，要点を見抜いたりしている。 ・さまざまな手法を使って，自身が知らない文章，単語，フレーズを推測している。
生産型技能	・興味のあるトピックについて，さまざまな目的に合わせて書いたり，プレゼンテーションしたりしている。 ・説明的な文章や，個人的な文章を書いている。 ・物事を比較したり，出来事を説明したり，具体的な事例を述べたり，抽象的・文化的なトピックについて自分の考えや意見を述べたりしている。	・幅広いトピックについて，自分の考えや意見を文章や言葉で表して，考えを深めようとしている。 ・具体例や詳細に触れながら，主張を根拠立てながら組み立てている。 ・描写したり，説明したり，比較したり，説得させたり，正当化させたり，評価したりする，といった幅広い方法を用いて，目的に沿って，ある程度の長さで話したり書いたりしている。

出所：International Baccalaureate Organization（2018）より引用（訳および下線は筆者による）。

する記述を検討した（表 10.2）。表 10.2 は，SL と HL におけるそれぞれの技能の目標間の差異を比較したものである。下線は批判的思考の場面で求められる態度や技能を示している（下線は筆者による）。

　表 10.2 における下線部は，表 10.1 の Boyer，Vygotsky，Anderson and

Krathwohl の比較をしたり，分析したり，評価したり，例示するなどしながら主張を組み立てることが言語学習者の批判的思考の向上に関係する，とする主張と符合する。

　表10.2から，SLでは，何かを比較しながら，自分の意見や考えを述べることを通して批判的思考を高めようとしていることが確認できる。一方，HLでは，テキストの内容を分析したり，比較をしたりすることに加え，話したり書いたりする場面で説得させたり，正当化させたり，評価したりすることが求められていることが確認できる。ここから，SLとHLでは，学習者に求められている批判的思考の程度が異なると判断できる。すなわち，「言語B（英語）」では，英語熟達度が低い生徒と比較して，高い生徒のほうが批判的思考学習の場面が多いことが読み取れる。ところで，SLとHLの履修者では，どの程度の英語熟達度の違いがあるのだろうか。

4.「言語B（英語）」履修者の英語熟達度

　National Recognition Information Centre for the United Kingdom (2016) は，「言語B（英語）」の授業を履修した生徒の英語熟達度と「言語B（英語）」における最終成績との関連について，欧州言語参照枠（CEFR）との対応を**表10.3**の通りまとめた。**表10.3**を確認すると，SLを履修する生徒の最高成績は「7」であり，CEFR B2上位レベルに相当し，最終成績が2である場合はA1に相当することが分かる。一方，HLを履修する生徒の最高成績である「7」はCEFR C1レベルであり，最終成績が2である場合はA2レベルに相当することがわかる。

　International Baccalaureate Organization (2020b) の発表によると，2019年の「言語B（英語）」SL履修者は全世界の全IB認定校で2,767名，平均の評点は5.78であった。一方，同年のHL履修者は全世界の全IB認定校で17,255名，平均の評点は5.76であった。これらの結果から，SLを履修した生徒の英語熟達度の平均はCEFRのB2下位レベル，HLを履修した生徒の平均はCEFRのB2の上位レベルであったことがわかる。ベネッセコーポレーション（2020）に

第Ⅲ部　各教科に焦点を当てた教育方法

表 10.3　CEFR と「言語 B（英語）」履修者の最終成績との対応

CEFR レベル	SL の最終成績	HL の最終成績
C2	該当なし	該当なし
C1	該当なし	7
B2+	7	6
B2	6 5	5 4
B1	4	4 3
A2	3	2
A1	2	該当なし

備考：SL，HL ともに最高評価は 7，最低は 1 である。
出所：National Recognition Information Center for the United Kingdom（2016）より引用。

よれば，国内の研究大学に合格した日本語を母語とする学生の平均は CEFR の B1 であったと報告している。したがって，「言語 B（英語）」を履修した生徒の英語熟達度の平均レベルは，国内の英語授業を履修し，研究大学へ進学した生徒の英語熟達度よりも高いことがわかる。すなわち，国内の英語科教育で「言語 B（英語）」で用いられている教材や批判的思考指導の方法をそのままの形で取り入れることは英語熟達度の観点から現実的ではない。加えて，IB プログラムではさまざまな教育理論が組み込まれており，批判的思考指導のみに特化しているわけではない（成田，2020）。そのため，英語授業で効果的に批判的思考を身につけさせるためには，前節で抽出した DP の批判的思考指導に係る学習理論を採用することに加え，国内の英語科教育の内実を踏まえるなど，学術的な知見に基づく教育方法の検討が不可欠である。

5. 単元の指導計画における「本時の展開」の検討

　IB プログラムにおける批判的思考指導に係る学習理論を踏まえた指導として，どのような教育方法が検討できるのだろうか。授業を計画するうえでの構成要素である，単元の指導計画，指導と学習，指導上の留意点の 3 点を取り上げ，

どのような学習理論を採用すればよいかを検討する。

まず，教育方法を検討するうえで核となるのが，学習内容と指導方法を可視化することを目的とした「単元の指導計画」を検討することが不可欠である。**表10.1**で示した学習理論のうち，指導計画の在り方に踏み込んだ理論が，11番目のWiggins and McTigheによる逆向き設計のカリキュラムである。そこで，批判的思考を深めるためのカリキュラム設計思想の核を逆向き設計型と仮定する。

次に，英語学習の場面においても，問いへの応答によって批判的思考態度が深まることが明らかになっていることから (Akatsuka, 2021)，指導と学習の方法として，問いへの応答を中心とした指導方法によって有意な結果が得られると仮定する。その具体的な方法として，**表10.1**の12番目Ericksonの概念型学習の枠組みに基づく3種類の問い（知識に関する問い，概念理解を深める問い，議論を喚起する問い）を教師が学習者に投げかけることにより，学習者の批判的思考を高める仕掛けづくりを指導計画に入れ込むことを検討する。その際，3番目のAnderson and Krathwohlにより分類された高次思考力レベルの学習活動を用いることとし，Paul (1987) の多元理論に基づき，学際的・探究的な学習を促すとともに，対話的かつ弁証法的な学習活動となるよう検討する。

3つめの指導上の留意事項として，**表10.1**で示した6番目Piaget，9番目Boyer，10番目Kincheloeの学習理論を取り入れ，生徒が授業内で自分の意見や考えを表現しやすい場とすることで，英語学習者の批判的思考態度が深まると仮定する。さらに，5番目Glaser，8番目Resnick and Resnickの理論に基づき，学習の最終的な到達目標が，何らかの課題解決に繋がる学習活動とすることで英語学習者の批判的思考が深まる場となるような「本時の展開」を検討する。

6. 国内の英語科教育における指導方法の課題と対応

前節でIBプログラムにおける批判的思考指導に係る学習理論を踏まえた「本時の展開」を検討した。一方，国内の英語授業の実情に対応できるような工夫も同時に不可欠である。では，どのような点を考慮する必要があるのだろうか。

1つめは学習指導要領との整合を図ることである。学校教育法第一条に規定される高等学校は，学習指導要領に則り授業を行う。そのため，批判的思考指導の実施にあたっては，学習指導要領上の理念や内容を踏まえる必要がある。2つめは高校生英語学習者の英語熟達度への配慮である。前述の通り，研究大学に入学した，日本語を母語とする英語学習者の英語熟達度の平均は CEFR B1 レベルであり，DP「言語 B（英語）」の標準レベルを修了した英語学習者よりも熟達度が低い。したがって，英語熟達度に対する一層の配慮を要する必要がある。ところが「英語熟達度への配慮」と課題を一括りに纏めるほど，国内の英語科教育の課題への対応は一筋縄ではいかない実情もある。

　例えば，2010 年改訂の学習指導要領では，実践的で総合的な英語運用力を高めることを狙いとして，受動型技能と生産型技能の両方を含む，技能統合型の指導を採用するよう求めた。一方，指導方法改善への実現は十分に果たせていなかった。例えば，高等学校では，コミュニケーション英語という科目名とは名ばかりで，生徒の英語によるコミュニケーションを促進するのではなく，検定教科書の内容も解説文を中心に構成され，本文の内容理解を問うたり，文法事項の説明的文章などが大半を占めたりしていたことが報告されている（孫工・江利川，2019）。すなわち，学習指導要領の改訂後も，依然として英語科教育は知識重視型，文法重視型で展開されており，英語熟達度の向上に対する狙いは果たせていたとはいえなかった。そこで，事態の改善に向けて動き出したのが中央教育審議会である。

　中央教育審議会初等中等教育分科会（2016）は，英語教育改革の鍵は大学入試改革にあるとの立場を取った。具体的には，大学入試において知識・技能の程度を測ることに加え，受験者のコンピテンシーを測る方向とするよう意見し，受動型技能と生産型技能の両方を測る新しい英語運用能力試験の実施を提案した。文部科学省も中央教育審議会初等中等教育分科会（2016）の意見を受け，学習指導要領（平成 29・30 年告示）において英語科教育における課題を主に 3 点示した。1つめは，生産型技能の育成を目的とした授業が十分に行われていない点，2つめは，双方型の技能が十分に育成されていない点，そして 3つめが授業内で生徒たちがお互いの意見や考えを共有する機会が十分に与えられて

いない点である。これら3つの課題の解決に向けて，学習指導要領（平成29・30年告示）では，抜本的な授業改善案として，主に4点の指導方略を示している。

　第一に，生徒たちの技能・知識，思考力・判断力・表現力を育成し，資質・能力のうち，パフォーマンスをルーブリックにより評価することである。第二にスピーチ原稿，電子メール，パンフレット等といったさまざまな形態のテキストジャンルを扱い，テキストへの理解を生徒たちに深めさせることである。第三に生徒にオーセンティックなトピックを与え，そのトピックについて口頭で意見や考えを発表させ，自らすすんで他者と対話するよう促すことである。第四に自分の意見や考えを論理的に書けるよう指導することである。

　以上に示した，学習指導要領の趣旨を踏まえた教育方法を検討するにあたり，4技能（聞くこと，読むこと，話すこと，書くこと）の習得をめざすことを踏まえつつ，次の4つの対応を行うことにより，批判的思考態度の育成につながると仮定する。1つめの課題への対応として，教科に関する知識・技能，思考力・判断力・表現力，学びに向かう姿勢といった学力の3要素を踏まえ，批判的思考に対する態度が深まるような，ライティング活動におけるルーブリックを学習者に示すことである（書くこと）。2つめの課題への対応として，授業でさまざまな種類のテキストジャンルを提示し，テキストジャンルごとの英文の特徴を理解させることである（聞くこと・読むこと）。3つめの課題への対応として，本質的な問いを投げかけることにより学習者の批判的思考の育成を目指し，日常的・社会的な話題に関する議論・討論を促す学習活動を用意することである（話すこと）。4つめの課題への対応として，生徒が論理性を意識しながら自分の意見・考えを述べるライティング活動を行わせ，ルーブリックを活用してピアによる評価を通して批判的思考を育成することである（書くこと）。

7. 単元の指導計画における「本時の展開」の検討

　前節の内容を踏まえれば，「本時の展開」の要件は次の4点に集約される。
1）単元の指導計画は逆向き設計論に基づいたものとすること。
2）学習者の知識に関する問い，概念への理解を促す問い，議論を喚起する問

第Ⅲ部　各教科に焦点を当てた教育方法

いの3種類を用意する。指導方法として，すでに学習者が知っている情報や経験と関連させながら基本的な知識や情報を理解させたり，概念を深く理解させたりするため，教師と学習者および学習者同士によるやりとりを促す指導形態とすること。

3) 英文を読み，本文の内容理解を促す質問に答えさせることに加え，批判的思考を促す高次思考力に該当する問いに応答させる指導を行う。その際，生徒の協同学習を促す仕掛けづくりとして，問いの回答内容についてペアまたはグループ等で議論や討論を行わせる指導形態とすること。

4) 学習者に自分の意見や考えを英語で書かせ，書いた英文をルーブリックに基づき自己評価させたりピアによる相互評価をさせたりし，書き手の主張を分析したり，要点を見抜いたりする場を設ける指導形態とすること。

　以上4点を踏まえ，**図10.1**に示す教材を用いた指導を展開するとすれば，どのような「本時の展開」考えられ得るのだろうか。**図10.1**は筆者が独自に作成したリーディング素材である。英文は筆者による書き下ろしであり，英語熟達度のレベルはフレッシュ・リーディング・イーズ（Flesch, 1974）および Uchida and Negishi（n.d.）による CEFR-based Vocabulary Level Analyzer（Ver.2.0）を用いて，最終的に CEFR A2 レベルから B2 下位レベルとなるよう，複数回手直しを加えながら作成したものである。

Read a following text about subculture and answer the questions.

Hello, everyone. Have you ever read articles on inbound tourism in Japan? Have you ever heard about a policy for Japanese inbound tourism? According to the Ministry of Foreign Affairs of Japan, approximately 31 million people visited Japan in 2018, which is three times the number of foreign visitors in 2013. Although these data were collected before the COVID-19 pandemic, why did the number of international tourists triple these five years? What attracted international tourists before the pandemic? Why did they choose Japan as their travel destination? What do they want to see and experience in Japan? I intend to answer these four questions and suggest ways to assist international tourists in their quest for information if the COVID-19 outbreak is mitigated.*1

First, I will focus on the reasons for the increase in the number of foreign visitors to Japan. Experts claim that various factors, such as relaxed visa regulations and a decrease in flying costs, have contributed to this increase. I believe that the Japanese government's 'Visit Japan Campaign' is one of the major factors behind this increase in foreign visitors. This campaign promoted Japanese subcultures such as anime and fashion as 'Cool Japan',*2 and it is believed that many foreigners are attracted to these subcultures. For example, when I visited a junior college in Singapore last year, many students expressed their interest in Japanese subcultures, especially anime and B-kyu Gourmet (a variety of reasonably priced casual food), and were eager to visit Japan.

Second, I will examine the factors that attract foreign visitors and the reasons for choosing Japan as a travel destination. To this end, I conducted a survey in Asakusa and asked 89 foreign visitors about the sources they referred to while deciding their travel destinations. I found that they used social media such as Twitter and Instagram rather than paper-based booklets. Some of the family groups from Taiwan answered that they read about Asakusa on Instagram and decided to visit to enjoy sukiyaki. The survey also shows that foreign visitors are attracted to Japanese culture, which is both traditional and modern, as well as rich and colourful cuisines such as sushi, tempura, and okonomiyaki. I also found that teenagers were interested in Kawaii culture – cute fashion icons and products – which is best experienced in Harajuku, Tokyo.

Third, what do foreign visitors want to see and experience in Japan? I know that each of them has a different answer. Some want to ski or enjoy hot springs, while others want to wear anime costumes, go shopping, or visit a film location. Data show that approximately 80% of foreign visitors are from Asian countries and regions, with approximately 50% from China and South Korea. Some experts say that most Asian people want to enjoy Japanese food culture and stroll in the downtown areas.

In summary, foreign visitors expect to enjoy the diverse cultures and subcultures of Japan when they visit the country. To provide them with a comfortable environment, I believe that we need a variety of support systems, such as multilingual helplines, to share information about how to take a public bath. Being a student, I would like to actively support foreign visitors by communicating with them in English, for example, by giving them directions to reach their destination. If you have other ideas, please let me know and support them.

図 10.1　独自作成のリーディング素材

第Ⅲ部　各教科に焦点を当てた教育方法

Topic: Subculture
Aims of this Unit:
1. Understand the basic concept of subculture through listening and reading.
2. Explore the relationship between identity and subculture and identify, analyse, and evaluate the concept through speaking and writing.

	Procedures	Purpose	Example directions
1	Present guiding questions	This section aims to clarify the learning goals that students will be exploring.	1. What is subculture? [knowledge-based] 2. To what extent is subculture related to our identities? [concept-based] 3. How can we distinguish between 'dominant culture' and 'subculture'? [debate-based]
2	Interact with students, providing them with basic knowledge, information, and concepts related to the topic	This section aims to inform students that they will be required to explore the topic from a variety of viewpoints in an interdisciplinary process.	"Have you ever thought about what subculture is? In Japan, kabuki, judo, and origami are thought of as part of traditional culture. Some experts say that these types of culture can be called the 'dominant culture' since the majority of people recognise them. On the other hand, anime, cosplay, and B-kyu Gourmet are categorised as 'subcultures' since they are new forms and are yet to be shared by the majority. The concept of subculture first emerged in the late 1970s in Anglophone countries such as the UK and US. For example, hip-hop, rap music, goth, and skateboarding are categorised as subcultures. In modern society, the concept of subculture is accepted and recognised by a variety of ages and genders worldwide, and it is said that subcultures strongly relate to identity. 'In this section, the concept of subculture will be explored in the context of Anglophone and Japanese identities, sociological viewpoints, and cultural environments'.
3	Encourage students to define the topic concept		'Go back to the Guiding Question 1. What is subculture? What images and ideas come to mind when you hear the word 'subculture'? "Some of you may be unfamiliar with this word, and this could be the first time you have thought about it. Before starting a more in-depth exploration of subculture, look at the words listed below, which are related to the concept.'
4	Read a text and answer comprehension questions	This section encourages students to understand the text content and improve their vocabulary, grammar, and reading skills.	An example of a text and associated comprehension questions are shown in the Appendix.
5	Answer HOTS-level questions	This section focuses on a critical reading of the text through the answering of HOTS-level questions.	1) In her speech, she concluded that 'foreign visitors expect to enjoy the diverse culture and subcultures of Japan', but to what extent is her claim appropriate? Indicate some evidence from the text. 2) She believes that communicating in English would be helpful for foreign visitors. How much do you believe that to be so? 3) After answering these questions, we will share your answers with your classmates. How are your classmates' answer similar to or different from those of yours?
6	Create an argument in writing	This section aims to enhance students' critical thinking skills through writing.	The concept of subculture is sometimes associated with a negative image. For example, skateboarding may be considered a sport for 'bad boys or girls' because it is loud, a nuisance to pedestrians, etc. However, skateboarding became an official Olympic sport in the 2020 Tokyo Olympic Games, and its status may improve. How can we encourage people to form a positive image of a subculture? Hints for writing 1. Why do some people associate themselves with a negative image? 2. How can we minimise the negative image of a subculture? 3. How can we promote the positive image of a subculture? 4. To what extent do government agencies act to promote a positive image of a subculture?

図 10.2　批判的思考に対する態度を深める単元の指導計画「本時の展開」例

第 10 章　高校生英語学習者を対象とした批判的思考指導モデルの検討

以上を踏まえて検討した「本時の展開」を**図 10.2** に示す。これは 50 分間（1 単位時間）を想定して作成したものである。**図 10.2** で示した「本時の展開」を見ると，1 番目の学習活動 "Present guiding questions" において，到達目標を生徒に示し，鍵となる問いを 3 つ示すことからスタートしている。これは，Wiggins and McTighe が提唱した逆向き設計論に基づいている。そして，鍵となる問いは Erickson が提唱した概念型学習理論に基づき，3 種類を設定した（**図 10.2** の Example directions 欄を参照）。そして学習活動の 2 番目には，"Interact with students" と記載してあり，教師と学習者が対話を通して学びを深める指導を取り入れた。3 番目の学習活動では，"Encourage students to define the topic concept" とし，Erickson の概念型学習を組み込んだ。5 番目の学習活動では，"Answer HOTS-level questions" とし，Anderson and Krathwohl が示した高次思考レベルの問いに焦点を当てた学習活動を設定した。そして Piaget, Kincheloe, Boyer, Vygotsky らの理論に基づき，英語学習者が意見・考えを英語で表現する場づくりを用意した。

特に，"How are your classmates' answer similar to or different from those of yours?" といった問いを用意し，対話を促すよう設計した。そして，6 番目では，"How can we encourage people to form a positive image of a subculture" というテーマのライティング課題を設定した。これは，Glaser および Resnick and Resnick の主張である，学習の最終的な到達目標が何らかの課題解決に繋がる学習活動の設定の実現を図るためである。

8. まとめと今後の課題

以上，批判的思考指導に係る学習理論に加え，英語科教育の実情を踏まえ，批判的思考育成につながる単元の指導計画における本時の展開例を検討した。本章では国内における英語教育の現状を概観し，それを踏まえたうえで，IB プログラムの批判的思考指導におけるコアとなる学習理論を援用した単元の指導計画における「本時の展開」例を示すことができた。

一方，単元の指導計画の実施と指導・学習の方法の実現のための手立てとし

第Ⅲ部　各教科に焦点を当てた教育方法

て，教師はどのような点に留意すればよいのかについて，課題が残る。第一に高次思考力レベルの問いへの応答に対する指導上の工夫である。そして第二が，中級レベルの高校生英語学習者を対象として実施した場合，これらが想定通りに機能するかどうかは今後の検証が不可欠な点である。検証にあたっては，提案した単元の指導計画が英語使用場面において学習者の批判的思考がどの程度発揮されるのか，に着目する必要がある。

第三に，日本語を母語とする英語学習者の中には，高次思考力レベルに該当する問いへの応答に対して抵抗感を抱く傾向がある点への配慮を明らかにする必要がある点である。例えば，元吉（2011）は，日本語を母語とする英語学習者の特性として，日本では物事に批判的であることや，他人と異なる意見や考えをもつことは，相手との良好な関係を築く際に障害となると思われる傾向があることを指摘する。以上の課題について今後の研究で解明する必要がある。

〔赤塚祐哉〕

謝辞

本研究は，Akatsuka（2021）を翻訳し，加筆・修正を加えたものである。また，本稿は JSPS 科研費［20K13884］の助成を受けた研究成果の一部である。

文献

安彦忠彦（2014）『「コンピテンシー・ベース」を超える授業づくり』図書文化.

孫工季也・江利川春雄（2019）「高校英語教科書における社会問題を批判的に考える力の扱われ方：『英語表現 I』用教科書の設問題材分析を通じて」『和歌山大学教育学部紀要. 人文科学＝Bulletin of the Faculty of Education, Wakayama University. 和歌山大学教育学部紀要委員会編』69, 51-56. doi:info:doi/10.19002/AN00257999. 69.51

中央教育審議会初等中等教育分科会教育課程部会（2016）『時期学習指導要領等に向けたこれまでの審議のまとめ』参照 https://www.mext.go.jp/b_menu/shingi/chukyo/chukyo3/004/gaiyou/1377051.htm（2023 年 9 月 9 日閲覧）

成田喜一郎（2020）「第 11 章 多様な教育学諸理論・哲学に支えられた IB プログラム」東京学芸大学国際バカロレア教育研究会編著『国際バカロレア教育と教員養成 未来をつくる教師教育』学文社，pp.152-161.

樋口直宏（2013）『批判的思考指導の理論と実践―アメリカにおける思考技能指導の方法と日本の総合学習への適用―』学文社.

ベネッセコーポレーション（2020）『合格者平均スコア』早稲田大学 FD 資料，2020年 10 月 16 日配布

水原克敏（2017）「教育課程政策の原理的課題：―コンピテンシーと 2017 年学習指導要領改訂―」『教育学研究』84(4)，421-433.

元吉忠寛（2011）「批判的思考の社会的側面」楠見孝・子安増生・道田泰司（編）『批判的思考力を育む：学士力と社会人基礎力の基盤形成』有斐閣，pp.45-65.

Akatsuka, Y. (2021). A Pedagogical Approach to Foster Critical Thinking Skills in Japanese EFL Learners: Focusing on the International Baccalaureate's Pedagogical Framework. In D. G Coulson, S. Datta & M. J. Davies (eds.), *Educational Reform and International Baccalaureate in the Asia-Pacific* (pp.37-56). IGI Global (pages: 414).

Aktas, B. C., & Guven, M. (2015). Comparison of secondary education mother tongue teaching courses in the International Baccalaureate program with the national program in terms of critical thinking. *Educational Sciences: Theory and Practice, 15*(1), 99-123. https://doi.org/10.12738/estp.2015.1.2286

Assessment and Teaching of 21st Century Skills. (2010). *Draft white papers*. Retrieved September 21,2021 Retrieved from http://www.ericlondaits.com.ar/oei_ibertic/sites/default/files/biblioteca/24_defining-21st-century-skills.pdf (Accessed on May 23, 2023).

Ennis, R. H. (1985). A logical basis for measuring critical thinking skills. *Educational leadership*, 43, 44-48.

Flesch, R. (1974). *The Art of Readable Writing*. Haper and Row.

Floyd, C. B. (2011). Critical thinking in a second language. *Higher Education Research and Development, 30*(3), 289-302. https://doi.org/10.1080/07294360.2010.501076

International Baccalaureate Organization. (2014). *DP：原則から実践へ*，Cardiff, UK: International Baccalaureate Organization (UK) Ltd.

International Baccalaureate Organization. (2015).「学習の方法」https://ibpublishing.ibo.org/dpatln/apps/dpatl/guide.html?doc=d_0_dpatl_gui_1502_1_j&part=2&chapter=2（2023 年 12 月 10 日閲覧）

International Baccalaureate Organization. (2018). Diploma programme language B guide. International Baccalaureate Organization.

International Baccalaureate Organization (2018). *Language B Subject guide*. Cardiff, UK: International Baccalaureate Organization (UK) Ltd.

International Baccalaureate Organization. (2017). *What is IB education?*（国際バカロレア機構（2017）「国際バカロレア（IB）の教育とは？」）Retrieved https://www.ibo.org/contentassets/76d2b6d4731f44ff800d0d06d371a892/what-is-an-ib-education-2017-ja.pdf (Accessed on August 8, 2023).

International Baccalaureate Organization. (2020a). *Diploma Programme Theory of Knowledge guide*. International Baccalaureate Organization.

International Baccalaureate Organization. (2020b). *The IB Diploma Programme provisional statistical bulletin: May 2020 Examination Session*. Retrieved from https://www.ibo.org/contentassets/bc850970f4e54b87828f83c7976a4db6/dp-statistical-bulletin-may-2020-en.pdf

Kawano, M. (2016, April 28–May 1). *A comparison of English textbooks from the perspectives of reading: IB Diploma programs and Japanese senior high school* [Paper presentation]. The Asian Conference of Language Learning 2016, Kobe, Japan. http://papers.iafor.org/papers/acll2016/ACLL2016_29495.pdf

Koda, K. (2005). *Insights into second language reading*. Cambridge: Cambridge University Press.

Manalo, E., Watanabe, K., & Sheppard, C. (2013, July 31-August 3). *Do language structure or language proficiency affect critical evaluation?* [Paper presentation]. 35th Annual Conference of the Cognitive Science Society, Berlin, Germany. https://mindmodeling.org/cogsci2013/papers/0531/paper0531.pdf

National Recognition Information Centre for the United Kingdom. (2016). *Benchmarking Selected IB Diploma Programme Language Courses to the Common European Framework of Reference for Languages*. http://www.ibo.org/globalassets/publications/ib-research/dp/ib-dp-cefr-benchmarking-report-en.pdf

Paul, R. W. (1987). Dialogical Thinking: Critical Thought Essential to the Acquisition of Rational Knowledge and Passions, In J. B. Baron, R. J. Sternberg (eds.), *Teaching Thinking Skill: Theory and Practice*. New York.

Uchida, S., & Negishi, M. (n.d.). *CVLA: CEFR-based Vocabulary Level Analyzer (ver. 2.0)*. Retrieved from https://cvla.langedu.jp/ (Accessed on July 23, 2023)

UNESCO. (1998, October 8). *World declaration on higher education for the twenty-first century: Vision and action*. World Conference on Higher Education, Paris, France. Retrieved September 21,2021 from https://unesdoc.unesco.org/ark:/48223/pf0000141952

第11章

日本の公立高校における国際バカロレア数学教育の受容の実態，研究課題，今後の展開

> キーワード：DP，数学教育，教科書分析，探究学習，生徒の学習

1. はじめに

　本章においては，日本の公立高校における国際バカロレア（International Baccalaureate: IB）の数学教育の可能性と課題について論じる。IBの中でも，日本の高等学校の教育段階と対応するディプロマプログラム（Diploma Programme，以下DP）については，学校教育法第一条に規定されている学校で35校が実施している（2024年時点，文部科学省）。その校数は少ないものの，今後少しずつ増えていくと予想される。さらに，私立高校も含めて，IBでは英語で数学を指導する学校もある。明治時代には，英語での数学の教授の可能性は議論されたこともあるが，公立校での英語による学習指導の実施は，珍しい。公立校は基本的にEducation for All（全ての子どものための教育）の精神を汲んでいる。しかし公立校におけるIBの実施は希少事例で，その学習の現状は明らかになっておらず，新しい数学教育の事例として取り上げる価値がある。これまで筆者らは，そのような学校に視点を当て，特に言語的・数学的な側面に注目して，生徒の学習上の可能性や課題について検討してきた（例えば，中和・木村，2023；木村・中和，2021；中和・木村，2020；中和・木村，2019；中和・木村，2018）。本章にてそれらを簡潔に紹介し，今後の研究の展開可能性や課題を検討する。本章ではまず，IBの数学教育に関する先行研究を整理する。次いで，言語に関連する数学教育に関する先行研究を示す。また，筆者らのこれまでの研究群を整理する。その中でも特に，言語と数学学習の関連性について

第III部　各教科に焦点を当てた教育方法

二次関数の問題を事例に挙げて生徒の学習達成の様相を示す。最後に公立高校
の探究的・主体的な数学の授業について生徒自身がどのように感じているのか，
質問紙調査の結果を示すことで，今後の IB の実践と研究の可能性や研究課題
について論じる。

2.　先行研究

(1) IB の数学教育に関する研究

　IB に関する数学教育研究は国内では多くない。内野・西村（2015）は IBDP
数学の目標・シラバス・評価方法等を検討した。植野・星野・西村（2009）は
数学的リテラシーの育成を目指した学習指導に対して示唆を得るために，IB
ミドルイヤーズプログラム（Middle Years Program，以下 MYP）数学における
目的，内容，指導方法を検討した。しかしながら，言語的な視点による研究，
実施されたカリキュラム・達成されたカリキュラム[注1]の視点による研究は
筆者ら以外のものは少ない。そのため，今後の研究の進展が期待される。

(2) 言語に関連する数学教育に関する研究

　言語は数学の学習指導，理解，コミュニケーションにおいて重要な役割を果
たす（Ríordáin & O'Donoghue, 2009）。それゆえ言語は思考，学習，認知的な発
達にも関連する（Stubbs, 1976）。国際的にも言語に関する問題は数学教育にお
ける大きな研究課題である（Barwell, Barton & Setati, 2007）。母語と異なる教授
言語で学ぶ児童・生徒は少なくないため，言語に関わる数学教育に関する国際
的な研究の蓄積がある。

　数学教育の第二言語の問題については，日本ではニューカマーの研究などで
扱われている。しかしながら，特に数学の学習において英語で数学を学ぶ場合
の難しさや，特徴について注目した数学教育研究は，管見の限りほとんどない。

3. 先行研究における IB の可能性と課題

筆者らがこれまでに行ってきた IB の研究は，IB の教育方法，教科書分析，生徒の言語的側面と数学の学習の関連性，生徒から見た IB の学習についての捉えの4点に集約される。初出データも扱い，今後の課題を整理する検討を行う。

(1) IB の特徴的な教育方法

IB は 2021 年の試験から新カリキュラムを実施しており数学，工学，物理科学，経済学の専攻を目指す Mathematics: Analysis & Approaches（数学：解析とアプローチ）（日本の高校 2-3 年生に対応）と社会科学，自然科学，医学，統計学，ビジネス，工学，経済学，心理学，およびデザインの専攻を目指す Mathematics: Application & Interpretation（数学：応用と解釈）（日本の高校 2-3 年生に対応）という科目（SL と HL の両方がある）が設定され，いずれもグラフ電卓の活用が求められている（木村・中和，2022）。この点は日本の数学教育と大きく異なっており，特徴的であるといえる。また IB の最終筆記試験において Analysis & Approaches は半分以上の問題で，Application & Interpretation は全問題でコンピュータ代数システム（Computer Algebra system：CAS）を含むグラフ電卓の使用が認められている。このことから代数処理を手計算で行う内容が含まれる Analysis & Approaches の方が，幅広い計算手法を扱っていることがわかる。このように IB は最終試験においてもグラフ電卓の使用を数学の両科目で義務づけている。

(2) 教科書分析

公立高校において IB を履修する生徒の中には帰国子女もいるものの，中学校までは日本語で教育を受け，IB コースを履修する生徒も少なくない。また，IB の学習で日本の数学科の教科書と，IB の教科書[注2] を併用しながら学習を行う場合もある。そのため，教科書の内容や表記方法の相違が，生徒の学習にも影響を与えると予想される。このことについて，日本の高等学校の教科書と

IB の教科書についてのそれぞれの特徴や差異について明らかにした。

(3) 生徒の言語的側面と数学学習の関連性：二次関数についての事例

1) これまでの研究

　DP 数学の学習について，帰国子女の生徒が英語を使ってどのように数学の問題を考えているのかについて把握するため，インタビュー調査を行った（中和・木村，2019）。また，DP 数学の「三角形の性質と垂心の証明」についての事例から DP 数学の特徴を考察し「知の理論（Theory of knowledge：TOK）」と授業内容との関連を述べた（中和，2020）。

　筆者らのその他の研究（木村・中和，2021）は，英語による数学学習を始めたばかりの高校 1 年生の生徒たちは英語を用いた数学の学習に対して前向きな態度を持っていることがわかった。その一方，生徒たちは，将来の国内での大学進学なども踏まえたうえで，日本語での数学の学習を行うことができないことを心配していた。また，統計単元の学習達成度を日本語と英語の類似問題で比較したところ，日本語の問題での学習達成度が高かった。英語の問題の意味・理解に至るまで，問題の文脈を単語の不理解から捉えきれていないことがその原因の一つであった。このように IB の学習における言語と数学学習の関連性については少しずつ明らかになってきた。

　さらに三角形の外心や三角比における学習について筆者らは検討してきた。三角比については，筆者らが英語で作成した問題 5 問を出題し，英語による学習に慣れてきたと思われる高等学校 1 年生 10 名が解答した。その解答を各問題と各生徒の学習達成について分析した結果，次の 2 点が明らかになった（中和・木村，2020）。第一に，生徒の数学の学習達成度の差が大きかった。第二に，正答した生徒の答案においても，論理的に解答をかくことができていなかった。第三に，正答率が低かった生徒の解答から三角比の概念を把握していないことが推測され，このことが第一の点の学習達成度の差に繋がっていることが示唆された。応用的な問題に関しては，全体的に正答率が低かった。正答率が低かった生徒にとっては，文脈や与えられた数値を適切に把握できておらず，教授言語である英語における文章の意味の把握の程度が結果に影響を与えているこ

とが明らかになった。

2) 二次関数の事例

　二次関数の調査データを扱いながら数学の事例について検討する。数学の各単元でどのような言語の影響が見られるのかを明らかにしたいため，今回は二次関数に焦点を当てている。調査は，関東地域の IBDP 準備段階における公立高校の高校 1 年生 13 名（男性 2 名，女性 11 名）を対象として実施した。なお，本調査は岡山理科大学研究倫理審査委員会で審査・承認を得たうえで実施した（課題番号 4-5 号）。13 名の生徒らは 2019 年度入学後から IBDP 準備段階のカリキュラムで学んできた生徒たちである。その後，生徒たちは希望をもとに，文系・理系コースに分かれていく予定であった。高校入学後から彼らは数学を英語で学んできた。学習当初の 2019 年 6 月には，複数の生徒が英語による学習不安を有していることが確認されている。担当教員は第二著者（教歴 7 年目の日本人男性）で，海外在住経験と英語による教授経験を有している。

　調査は 2019 年 11 月に二次関数の単元の学習が終了した後（20 時間実施）に実施された。Ríordáin & O'Donoghue（2009）の指摘に倣い，英語による問題を解いた数日後に，日本語による問題を生徒らは解いた。問題の難易度は学習した内容の基礎と応用問題を含むように作成した。また，Wilkie（2016）を参照して，特に問 1 においては文章表現，代数的な表現，グラフの表現が，問 2 では現実生活の文脈，文章表現，代数的な表現，グラフの表現の 4 つの表現が含まれるようにした。表による表現は授業では扱ったものの，授業の後半では扱っていなかったため，調査問題ではそれらの表現に関わる問題については，取り扱わなかった。英語については IB 教科書で使用される英単語や英語表記を使用した。図 11.1，11.2 で日英の問題を示した。英語の問題には日本語訳を掲載したが，調査の際にはつけていない。

第Ⅲ部　各教科に焦点を当てた教育方法

問1：$a>0$ のとき，二次関数 $y=-x^2+6x+1$ ($0\leq x\leq a$) の最大値を求めよ。また，そのときの x の値を求めよ。

問2：幅12cmの銅板を断面が右の図の形になるように折り曲げて，深さ x cm の溝を作る。溝の断面積を y cm^2 とするとき，y の最大値を求めよ。また，そのときの x の値を求めよ。

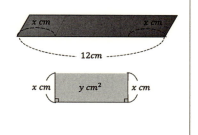

図11.1　日本語版の問題

出所：俣野・河野（2019）を基に作成。

1. Consider the quadratic function $y=x^2-4x+7$ ($0\leq x\leq a$). State the minimum number of the quadratic function and its value of x respectively when $a>0$.
（日本語訳：$y=x^2-4x+7$ ($0\leq x\leq a$) について考える。$a>0$ のときの二次関数の最小値とそのときの x の値を求めなさい）

2. Cut 12cm of a wire into two parts and form squares by the wires look like the figure below.

How is the wire cut when the sum of the area of the two squares becomes minimum? State how to cut the wire and the minimum of the sum of the two squares area.
（日本語訳：12cm のワイヤーを2つに切り，下図に示すようにワイヤーを曲げて正方形をつくる。この2つの正方形の面積の合計が最小値をとるとき，ワイヤーをどのように切るといいか。）

図11.2　英語版の問題

　問題は日本の高校の教科書（俣野・河野，2019）から引用した。日本語版の問1は教科書と同じ問題で，英語版の問1は数値を変更して使用した。また問2に関しても同様に同教科書を参考にして作成した。

　評価の方法として2つの問題について Wilkie (2016) の形成的評価の方法を参考にして部分点を設定した。設定の仕方として，まず最大値・最小値を求めるために必要な情報である平方完成が正確にできているか，頂点の座標を求め

ているかを確認し，場合分けが必要な場合はそれぞれ行うことができているのか，場合分けをした際の x, y のそれぞれの値と変数の範囲の正確性を確認した。具体的には，**表 11.1〜表 11.4** に各問の配点を示した。なお，書かれてあることが正答であっても，論理的に正しくないと判断した場合には各部分で 0 とした。評価の妥当性を高めるため，評価基準と採点については筆者間で確認した。

表 11.1　英語版　問 1 の評価基準

番号	配点	評価基準
1	1	$y = x^2 - 4x + 7$ について平方完成，$y = (x-2)^2 + 3$ に変形できている。
2	1	頂点 $(2, 3)$ を示している（明示的な記述でなくても，グラフでの記述等がある）。
3	1	$0 < a < 2$ の場合分けをしている。
4	1	$0 < a < 2$ のときの x の最小値 $a^2 - 4a + 7$ を示している。
5	1	最小値をとるときの x の値 $x = a$ を示している。
6	1	$a \geq 2$ の場合分けを示している。
7	1	$a \geq 2$ のときの y の最小値 $y = 3$ を示している。
8	1	最小値をとるときの x の値 $x = 2$ を示している。

注：6のイコールは3に入っても，あるいは独立して記述されていても正答と判断した。

表 11.2　日本語版　問 1 の評価基準

番号	配点	評価基準
1	1	$y = -x^2 + 6x + 1$ について平方完成 $y = -(x-3)^2 + 10$ を行うことができている。
2	1	頂点 $(3, 10)$ を示している（明示的な記述でなくても，グラフでの記述等があること）。
3	1	$0 < a < 3$ の場合分けを示している。
4	1	$0 < a < 3$ のときの x の最大値 $-a^2 + 6a + 1$ を示している。
5	1	最小値をとるときの x の値 $x = a$ を示している。
6	1	$a \geq 3$ の場合分けを示している。
7	1	$a \geq 3$ のときの y の最大値 $y = 10$ を示している。
8	1	最小値をとるときの x の値 $x = 3$ を求めている。

注：6のイコールは3，4に入っても，あるいは独立して記述されていても正答と判断した。

第Ⅲ部　各教科に焦点を当てた教育方法

表 11.3 　英語版　問 2 の評価基準

番号	配点	評価基準
1	1	与えられた問題状況を $y=x^2+(3-x)^2=2x^2-6x+9$ と表している。
2	1	$y=2x^2-x+9$ を平方完成して $Y=-2(x-\frac{3}{2})^2+\frac{9}{2}$ と表している。
3	1	頂点（頂点 $(\frac{3}{2},\frac{9}{2})$）を記述している。
4	1	x の取りうる範囲（$0<x<3$）を記述している.
5	1	最小値 $y=\frac{9}{2}$ を導いている。
6	1	最小値の際の x の値 $x=\frac{3}{2}$ を求めている。
7	1	ワイヤーを半分に切ればいいことを示している。

表 11.4 　日本語版　問 2 の評価基準

番号	配点	評価基準
1	1	与えられた問題状況を $y=x(12-2x)=-2x^2+12x$ と表している。
2	1	$y=-2x^2+12x$ を平方完成して $y=-2(x-3)^2+18$ と表している。
3	1	頂点を記述している。
4	1	x の取りうる範囲（$0<x<6$）を記述している。
5	1	最大値 $y=18$ を導いている。
6	1	最大値をとるときの x の値 $x=3$ を求めている。
7	1	答え（$18\mathrm{cm}^2$）を示している。

表 11.5 にテスト得点を平均正答率（1 が完全正答）で表した結果を示す。

表 11.5 　テスト得点の平均正答率（N＝13）

	日本語版	英語版
問 1	0.58	0.65
問 2	0.34	0.17
合計	0.47	0.42

　日本語版と英語版で比較すると，若干日本語版において平均正答率が高かった。また，問 1 では英語版において平均正答率が高く，また問 2 では日本語版において平均正答率が高い。日本語版・英語版共に，問 1 のほうが問 2 よりも平均正答率が高く，英語版における差が大きい。これらの問題について，各設

第 11 章　日本の公立高校における国際バカロレア数学教育の受容の実態，研究課題，今後の展開

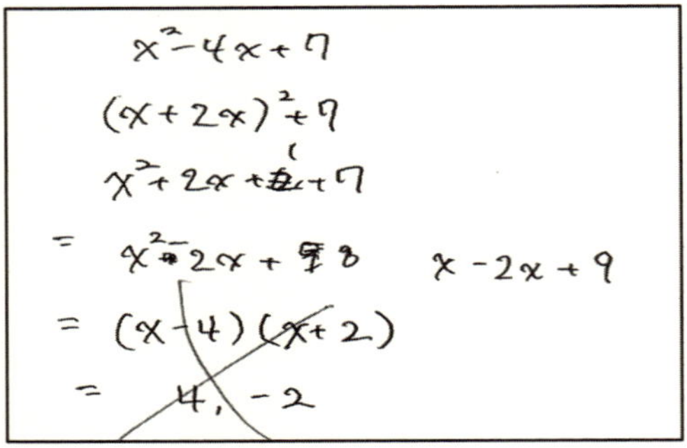

$$x^2-4x+7$$
$$(x+2x)^2+7$$
$$x^2+2x+\ \ +7$$
$$=x^2+2x+\ \ 8 \qquad x-2x+9$$
$$=(x-4)(x+2)$$
$$=\ \ 4,\ -2$$

図11.3　英語版問1における平方完成の誤答例

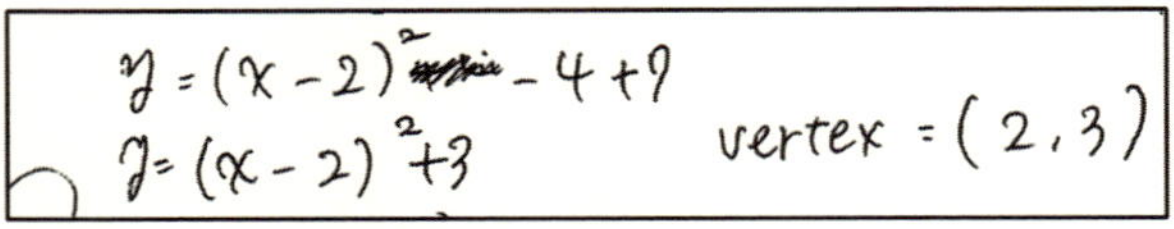

$$y=(x-2)^2 -4+9$$
$$y=(x-2)^2+3 \qquad\qquad vertex=(2,3)$$

図11.4　英語版問1における平方完成の正答例

問における質的分析を下記に実施した。

　英語版の問1について13名中2名が正答率0％（たとえば**図11.3**）で，完全正答は5名であった。平方完成を行うことができたのは12名（たとえば**図11.4**）で多い。

　英語の問題で，二次関数のグラフの最大値を求める際に平方完成を行う基本的な代数的表現を多くの生徒はできていた。生徒らが有する課題は，グラフの表現に関わるaの値によってグラフの向きが変わること，正確に場合分けをすることや，場合分けの際に，最大値・最小値に対応するxの値を求めること（代数的表現）や場合分けそれ自体を行うこと（グラフの表現）であった（**図11.5**）。また，最大値・最小値を求める際に正確なグラフを書いておらず，特に座標をグラフに書き込んでいない場合には答えにたどりついていないことがわかった（**図11.5**）。

第Ⅲ部　各教科に焦点を当てた教育方法

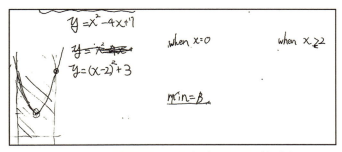

図11.5　英語版問1における場合分けの誤答（2）

　これらのことからグラフの表現や代数的表現，それらの関係性の理解について課題があることがわかる。

　次に英語版の問2では13名中7名が正答率0％で，5名が部分点を1点のみ得たことから，この問題が4問のうち，最も難しいものであった。最終的な解答まで示したのは2名であった。しかし，どちらも7点中6点獲得で完全正答ではない（例：図11.6）。一方で，誤答だったとしても生徒たちは試行錯誤して問題を解いていたこともわかる（図11.7）。また，文脈の意味を把握するためか，

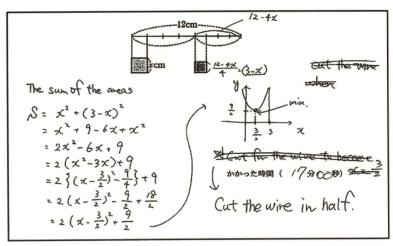

図11.6　英語版問2における正答に近い誤答例

第11章　日本の公立高校における国際バカロレア数学教育の受容の実態，研究課題，今後の展開

188

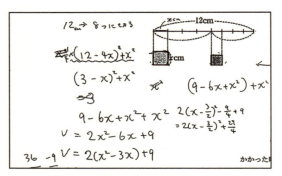

図11.7 英語版問2における誤答例

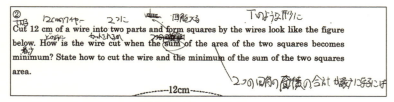

図11.8 英語版問2における無回答者の答案

英語を日本語に訳した生徒1名もいた（図11.8）。この問題では現実生活の文脈と代数的な表現を関連づけることが求められている。また、最終的な答えを文章で示すことができていない場合もあることから、文章表現の構成に課題があるといえる。この点で、英語の問題において課題があることがわかる。

日本語版の問1では13名中4名が完全正答で、2名は正答率が0％であった。これら、完全正答の4名は英語版の問題も完全正答であった。また、正答率が0％だった2名の生徒のうち、英語版も正答率が0％だったのが1名で、もう1名は英語版の問1は8点中6点獲得した。それ以外の8名の誤答内容について、平方完成の後の場合分け以降は誤答だった1名と、平方完成は誤答であったが、場合分けはできていた2名、残り5名は場合分けにおける a の範囲と対応する y の値が誤答（たとえば図11.9）で、必要な情報（たとえば対応する x の値）が書かれていない場合があった。

これらから英語版・日本語版ともに正確に解答した生徒らがいること、同様

第Ⅲ部　各教科に焦点を当てた教育方法

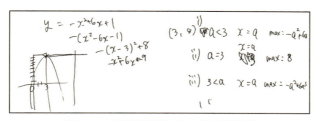

図 11.9　日本語版問 1 における誤答例

に，正答率 0％の生徒たちも，言語に関わりない同様の結果であることがわかってきた。最後に日本語版問 2 について完答した生徒はおらず，4 名が正答率 0％，別の 4 名が 7 点中 1 点正答であった。ここから半数以上の生徒らは，平方完成ができていないことがわかった。このように高校では基本とされる平方完成ができていなかったことから，IB 数学における基本的な知識・概念獲得に課題があるといえる。彼らは問題状況に対して x を用いて関係性を正確に二次関数の式で示すことができていなかった（**図 11.10**）。より具体的には，面積が $y\mathrm{cm}^2$ の長方形の横の長さを，x を使って表すことができていたが，長方形の面積 $x(12-2x)$ を表すことができなかった生徒らが 3 名，長方形の面積を $x(12-2x)$ と表した後に二次関数をつくることができなかった生徒が 3 名確認された。

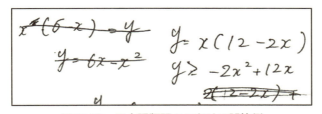

図 11.10　日本語版問 2 における誤答例

このことから日本語版問 2 においても，文脈を理解して x と y の関係性を二次関数で表す部分に躓きが見られた。他にも，1 名の生徒は 2 変数を使って問題状況を表そうとしていた。6 名が平方完成を行うことができていたが，さらに，最小値を求めることができていたのは 4 名であることがわかった。この 6 名に関しては現実生活の文脈と代数的表現を関連づけることができていたが，代数

的表現における式変形に課題が残る。その他，生徒らが共通して有する課題として，13名中12名がxの範囲について言及することができていなかった。この点はグラフの表現と代数的表現に関わる点であると考えられる。

　このように英語による数学の学習をこれまでに約8ヶ月実施した高校1年生に対して，2次関数の日本語と英語の類似問題の学習達成度を比較したところ，質的な分析から数学的に正確な答案を書く程度は言語の差によるわけではないことが示唆され，課題は数学的な知識・技能や能力に依るところが大きいことがわかった。また，文脈から関係性を読み取り，式をつくるという応用的な問題においては日本語・英語双方において難しさがあり，言語的な問題というよりもむしろ，これは数学的な課題に関連することも明らかになった。このように，これまでに行った高校1年生の初期での英語と数学の関係から，高校1年の中〜後期にかけては，生徒らは英語による学習に慣れてきていて，焦点化すべきは数学の学習指導の質であることもわかってきた。

　しかしながら，扱っている事例が少なすぎるため，まだわからないことが多い。特に，授業中の言語処理についてはどのように行っているのかについても一考の余地がある。また，英語による学習に慣れてきている高校2-3年生の数学の習熟についても調査する必要があるだろう。今後も，数学のさまざまな領域・内容に着目して，類似の調査を行っていかねばならない。

(4) 主体的な学習に対する，IB コースの生徒の気持ち

　これまでに数学学習の，客観的に示される学習成果について検討してきた。ここでは視点を変え，IBDP 数学 SL の高校1年生受講者8名のアンケート調査の結果から，主体的な IB での学習に対して生徒自身がどのように考えているのか，ということを示したい。この調査については学校長に実施の許可を書面で得ている。アンケートの質問内容は，生徒が教師役として数学の授業を行ったことについてたずねており，次の全6問ある。(1) 自分が先生役だったときに，学習者に理解してもらうために配慮したこと，うまくいった／いかなかった具体的なエピソードがあれば詳しく教えてください，(2) 自分が生徒の立場だったときに，先生役の生徒が困っているときに配慮・サポートしたことや

具体的なエピソードがあれば，詳しく教えてください，(3) 生徒が教師役だったときに，難しかったと感じた学習内容や，具体的なエピソードがあれば詳しく教えてください，(4) 中学校・高校でこれまでに受けていた数学の授業と比べて，1月から行ってきた生徒主導の授業についてあなたはどのように思っていますか。メリットやデメリット，自分の学習の成果などの違い，学習態度の変化について詳しく教えて下さい，(5) あなたが考える，IB の数学の授業と中学生までに受けていた授業との違いについて，具体的に教えて下さい，(6) IB の数学の授業を受けていて，中学生までの自分と比べて，変わったと思えることがあれば，それが何かを教えて下さい。

　調査対象の高校において DP 数学は 2022 年 1 月から開始され，協働学習による反転授業が行われていた。反転授業の内容として，学習内容は年度初めに教師作成の資料で示され，生徒は自身の発表日程を把握し，準備を行った。調査対象としたクラスは高校 1 年生のクラスで 4 名ずつの 2 グループ（計 8 名）で構成され，毎週の授業でグループでの発表の機会がある。

　アンケート調査の結果の一部を示す。生徒主導の授業についての考えを聞いた問の回答（問 4）においては，8 名中 6 名の回答が前向きなものであった。残りの 2 名についても，下記と類似した利点を記述していた。利点については下記のような回答がなされている。

・「メリットしかないと思います。自分がわからない点がはっきりとわかるし，わからないままにされて置いていかれないという，周りとの団結も見られるからです。また，逆にみんながライバルだということがはっきりわかるので，学習意欲はさらに増えました」（生徒 A）
・「メリットの方が多いように感じます。自分達で調べ，理解を深めるため知識定着が早いです。教える際にも自分達が難しいと感じたところに関してはわかりやすく説明するため生徒役の立場からしても，わかりやすいようになっていると思います」（生徒 B）
・「1 つのクラスに対して複数の先生がいることと，友達が先生であることが，わからないところを質問しやすいということに繋がっていました。また，決められた時間の中で問題を解くということで，中学生の時よりも時間を意識しながら解くことができるようになったと思います。今の授業体系の懸念点として，自分が担当した部分のみできるようになるのではないかとも考えますが，以前のテスト

第 11 章　日本の公立高校における国際バカロレア数学教育の受容の実態，研究課題，今後の展開

の結果からみても，割と他の内容に関して理解していることが多かったため，メリットの方が多いと感じました」（生徒C）

（下線部は筆者によるもの，以下同様）

　デメリットについては，多くは述べられなかったが次のような回答が確認された。

・「デメリットは授業中に実践する時間がないこと。教える時間がほとんどで実践する時間はあまりないように感じた。自己責任」（生徒D）
・「新しい内容（数列や空間図形）を英語でいきなり理解して問題を解くことが難しかった。また，私の復習不足ではあるが，間が開くと何がどの公式か頭の中で混在し，英語のスピードについていくことが難しかった」「デメリット：全く知らない範囲だと，準備にとても時間がかかるようになった」（生徒E）

　デメリットについては授業中に解説が多くなり，問題を解いて習熟する時間が少ないこと，新しい内容が難解だった場合には準備に時間を要し内容把握が困難になること，また英語による課題が指摘されていることがわかる。しかしながら，利点の内容からも主体的に学習することで，数学的な内容の把握が深まっていると生徒らが考えていることやモチベーションを保つことができていることなどがうかがえ，反転学習の好影響が確認できる。

　次に問5について，特にIBの特徴に関連づけられた回答を下記に抜粋した。

・IBの授業は，やはり生徒が主体であるというところだと思います。そのため，数学のスキルを身につけるだけでなく，責任感や積極性など，多くのスキルを得られると思いました。（生徒C）
・観点を増やすTOKなどの問題もあり，数学的な考え方に変化があるので，とても critical thinking とかを育成するのにいい方法だなと思いました。（生徒H）
・先生主体の授業スタイルから，生徒が教える立場になっているのは相乗効果が高く，良いと感じた。一方，先生主体では，タイムスケジュールや，授業の内容の確実性があったため，安定した授業を受けられた。（生徒I）

　合わせて「IBの数学の授業を受けていて，中学生までの自分と比べて，変わったと思えることがあれば，それが何かを教えて下さい」という問いについても，IBに関連した回答は次のようなものが挙げられた。

第Ⅲ部　各教科に焦点を当てた教育方法

> ・数学が楽しいと思えるようになったり，自ら学習しようと思えるようになりました。(生徒 A)
> ・計算力，平面図形や空間図形の把握能力 (生徒 B)
> ・教科書にある問題はほぼ全て解くようになった。数学を積極的に勉強するようになった。
> ・苦手な数学や難しい問題に対しても，積極的に楽しみながら取り組んでいる気がする。また，学んだ公式などに対して少しずつ応用ができるようになってきている気がする。(生徒 F)
> ・数学的観点が増えた (生徒 G)
> ・今までは先生に依存していた部分が大きかったのでしっかり自分で考える能力がついた。(生徒 H)

> ・TOK などの問いがあることで，数学を学ぶ意味をより感じるようになった。プレゼンベースで，数学の授業を楽しめるようになった。(生徒 E)
> ・教科書にある問題はほぼ全て解くようになった。数学を積極的に勉強するようになった。
> ・苦手な数学や難しい問題に対しても，積極的に楽しみながら取り組んでいる気がする。また，学んだ公式などに対して少しずつ応用ができるようになってきている気がする。(生徒 F)
> ・数学的観点が増えた (生徒 G)
> ・今までは先生に依存していた部分が大きかったのでしっかり自分で考える能力がついた。(生徒 H)

　このように IB の学びの特徴，主体的に学ぶことやさまざまな視点から数学について考えること，TOK (Theory of Knowledge：知の理論) の学びと数学の学びが関連づけ相乗効果があることなどにより，生徒全員が新しい視点を得て数学の学習に対して主体的に取り組むことができていることがわかる。

4. 課題を踏まえた今後の可能性や研究課題

　本章で見てきたように IB の数学教育に関わる研究は多くはなかったため，筆者らも試行錯誤しながら研究を進めてきた。しかしながら，IB の学習を通して，生徒の主体性や，数学の認知的側面だけではなく情意面での育ちを学習

者自身が感じていることから，IB教育に対する希望を持つことができる。PISAの結果では，日本の児童・生徒たちは国際的に数学の成績が良好である一方で，数学に対する情意面に課題があることが示されてきた（清水，2021）。これは日本の数学教育では大きな課題の一つである。アンケート調査結果で示した生徒らのやる気，主体性等は，今の日本の学習指導要領が目指している情意面での育ちにも対応している好例であろう。このように，IBにおける教育が日本の教育界の先進事例の一つとなり，国の全体的なレベルを引き上げる発信源にもなっていくことを切に願っている。

〔中和　渚，木村光宏〕

謝辞

　本章における調査については学校関係者の先生方・生徒の皆様方に大変お世話になりました。この場をお借りして心からの御礼を申し上げます。

注

1　TIMSSの3つのカリキュラムによると，意図したカリキュラム・実施したカリキュラム・達成したカリキュラムがある。実施したカリキュラムは実際の指導，達成したカリキュラムは生徒が学校教育で獲得した概念，手法，態度などを指している（国立教育政策研究所，1998，pp.24-25）。
2　IB認定校ではテキストブックや教科書と呼ばれることがあるが，両方とも授業等において同様に扱われていることから，両者とも教科書という表現を用いる。

文献

植野美穂・星野あゆみ・西村圭一（2009）「国際バカロレア中等課程の数学に関する一考察：数学的リテラシーを視点に」『日本数学教育学会誌』91(5)，33-43.

内野浩子・西村圭一（2015）「国際バカロレア・ディプロマプログラムにおける数学の学習と評価『日本数学教育学会誌』97(7)，23-32.

木村光宏・中和渚（2021）「国際バカロレアディプロマプログラム認定校における英語による数学の学習に関する言語的な視点による考察」『国際バカロレア教育研究』5，85-94.

木村光宏・中和渚（2022）「国際バカロレアディプロマプログラムのテキストブックにおけるグラフ電卓活用に関する問題分析—日本の高等学校数学科のICTの利用に対する示唆—」『科学／人間』51，33-50.

国立教育政策研究所（1998）『小学校の算数教育・理科教育の国際比較—第3回国際

数学・理科教育調査最終報告書』東洋館.

清水優菜 (2021)「環境的および情意的要因が数学的リテラシーに及ぼす影響とその
プロセスの検討—環境的要因として教師に焦点を当てて—」『科学教育研究』, 45(3),
298-307.

中和渚 (2020)「国際バカロレア・ミドル・イヤー・プログラム (MYP) 数学と日本
の数学Ⅰに関する数学教科書分析—統計の内容に注目して—」『国際バカロレア教
育研究』4, 1-10.

中和渚・木村光宏 (2018)「国際バカロレアのDP (Diploma Programme) 数学におけ
る学習指導についての考察：今後の数学教育の課題を考える上での事例研究」『科
学／人間』, 47, 105-118.

中和渚・木村光宏 (2019)「第9章　グローバル化する数学教育　第4節　国際バカ
ロレアの展開と課題」岩崎秀樹・溝口達也編『新しい数学教育の理論と実践』ミ
ネルヴァ書房, pp.252-260.

中和渚・木村光宏 (2020)「三角比国際バカロレアのディプロマプログラム (Diploma
Programme) 準備段階における高等学校1年生の三角比の学習達成度と学習上の
課題」『科学／人間』49, 61-74.

俣野博・河野俊丈ほか31名 (2019)『数学Ⅰ　Advanced』東京書籍.

文部科学省ホームページ (2020)「IBとは」(https://ibconsortium.mext.go.jp/about-
ib/) (2022年6月30日)

文部科学省ホームページ「IB認定校」(https://ibconsortium.mext.go.jp/about-ib/
school/) (2024年6月28日閲覧)

Barwell, R., Barton, B., & Setati, M. (2007). Multilingual issues in mathematics edu-
cation: introduction. *Educational studies in mathematics, 64*, 113-119.

Ríordáin, N. R. & O'Donoghue, J. (2009) The relationship between performance on
mathematical word problems and language proficiency for students learning
through the medium of Irish? *Educational studies in mathematics, 71*, 43-64.

Stubbs, M. (1976). *Language, schools and classrooms*. Methuen.

Wilkie, J. K. (2016). Using challenging tasks for formative assessment on quadratic
functions with senior secondary students. *Amt, 72*(1), 30-41.

おわりに

　ご覧いただいたように，本書にはIB教育の効果検証から大学入試制度，教科の指導方法に至るまでさまざまな角度から実施された多様な研究論文を収録した。今回，ご寄稿いただいた執筆者，並びに当該調査にご協力いただいた関係各位にこの場をお借りして厚く御礼申し上げたい。読者の皆様も本書を通じて，IB認定校等が日本国内で増え始めてからまだ10年程しか経過していない中にあっても，すでにこれほど充実した研究成果が出ていることを確認し，IB教育研究の豊かさと裾野の拡がりを感じていただいたのではないだろうか。

　背景には，研究者・実践者のIB教育への関心の高まりがあるとともに，日本国際バカロレア教育学会の貢献も大きい。学会誌『国際バカロレア教育研究』は創刊以降，関係者のご尽力の下，質・量ともに飛躍的な進展を遂げてきた。刊行当初はIB教育の実践事例研究が中心であったが，近年の投稿論文を拝見すると投稿数が多くなっただけでなく，その質も向上している。また，投稿者の属性もIB研究者や教員等，当事者だけでなく，多くの大学院生や他分野の研究者も研究対象としてIB教育を選んでいることがわかる。結果として『国際バカロレア教育研究』に掲載される論考は，徐々に研究対象や研究手法の多様化が進展し，充実した学会誌になりつつある。最近では教育学の中でも教科教育学の観点に留まらず，教育行政学，教育制度学，比較教育学および教育方法学など，そのアプローチは多岐にわたる。これらの学問領域からの研究蓄積が今後もより一層，増えるとともに，教育経済学や教育社会学など隣接する研究領域からの研究も歓迎される。今後も引き続きIB教育が多角的かつ包括的に研究されるために，関係者の尽力が期待されるところである。

　なお，自戒も込めていえば，研究を進める際にはIB教育研究の素晴らしさや効果を喧伝するような研究になっていないか留意し，IB教育を客体化して批判的に把捉する姿勢も求められよう。例えば，IB教育は国際性や探究心を

育むといわれているが，元々，国際的なことに関心の高い学習者がIB教育を履修するだろうし，探究的な学習を実施するIB教育が探究心を育むのは当然の帰結である。重要なことは如何にそれらを育んでいるのかであり，どのような教育実践が如何なる影響を与えているのか，という実証的な研究である。当然のことながら決してIB教育を礼賛するだけの"IB万歳"研究に陥ってはいけない。

　また，IB教育の実施と従来の日本の教育との関係性についても改めて検討しておきたい。現在，IBを導入している学校は急増し，国際的な視野をもつ児童・生徒の育成が積極的になされている。近年，グローバリゼーションは急速に進行し，日本においてもIB教育を通じて，児童・生徒が将来，グローバルに活躍するための人材育成が企図されている。それと同時に忘れてはいけないのが，国際的な視座を持ちつつ，地域社会に貢献する資質，能力の育成も志向されていることである。IB教育が受ける誤解の一つに国際性ばかりを強調して，国外への頭脳流出を助長しているのではないか，という批判があるが，IB教育は子どもたちの国際舞台での活躍のみを念頭に置いているわけではない。例えば，IB教育ではグローバルな課題と身の回りの課題を相対化しながら，問題解決を協同学習によって目指そうとする探究型の授業が頻繁に実施されている。そして，教育実践としても単にIB教育を無批判に導入するのではなく，日本の教育蓄積を活かした「教育受容」が各校で行われている。

　研究においても，このような観点は重要になる。日本の授業実践の蓄積や日本特有の文脈を活かした日本ならではのIB教育受容は何なのか，また如何にあるべきなのか，重要な観点になるだろう。また，IB教育は国際的な教育プログラムであるがゆえに，国際性ばかりに目が行きがちだが，日本の教育にどのような示唆を与えることができるのか，例えば，日本の伝統的な教育方法に，IB教育で採用されている教育方法を適用させた場合の教育効果等，弁証法的な研究視点も興味深いのではないか。本書でも一部の論考において，IB教育が日本の教育潮流と融合し，受容される過程も示した。いわばIB教育のローカリゼーション（地域化）である。

　このように今後，"IB教育の研究"だけでなく，"IB教育を通じた研究"に

おいて，日本の教育に対する示唆の導出や新たな研究視座の提供など，IB 研究の照射範囲が広がってくるのではないだろうか。研究面においても，実践面においても楽しみが尽きない。

　最後に，本書の刊行に当たり，学文社の落合様には格別のご配慮を賜りました。ご多用中のところ，最後までお付き合いいただきまして深く感謝申し上げます。

2024 年 10 月吉日

編者一同

【資料・各章における既刊行論文一覧】

第1章　木村光宏（2022）「国際バカロレアにおける国際的視野育成は発達段階に応じて．どのように変化しているか．―PYP・MYP・DP の指導用資料の内容分析より―」『国際情報研究』19 (1)，日本国際情報学会．を加筆修正。

第2章　K, Hara. (2011). *Educational change beyond borders - International Baccalaureate in New Zealand -.* Auckland University of Technology, in fulfilment of the requirements for the degree of Doctor of Philosophy (PhD), K, Hara. (2018). Exploring the perceptions of NZ teachers' approaches to teaching after implementing the IB programmes.『国際バカロレア教育研究』2, 33-45. 以上2点の内容をもとに再構成。

第3章　川口純・江幡知佳（2017）「日本における国際バカロレアの受容実態に関する一考察―ディプロマプログラムに着目して―」『筑波大学教育学系論集』41 (2)，35-48. を加筆修正。

第4章　御手洗明佳・松本暢平・江幡知佳・齊藤貴浩・菅井篤・木村光宏・菊地かおり（2022）「国際バカロレア・ディプロマプログラム（IBDP）初年度生の学習経験とコンピテンシー――「高校での学習・経験に関する実態調査」（2021 年度）の分析から―」『国際バカロレア教育研究』6，71-82. を加筆修正。

第5章，第6章　書き下ろし。

第7章　花井渉（2019）「日本の高大接続改革と国際バカロレアを活用した大学 入学者選抜の現在」『国際バカロレア教育研究』3，1-4. を加筆修正。

第8章　書き下ろし。

第9章　菅井篤（2022）「国際バカロレア認定小学校における「チーム学校」を目指した教員研修　LTD 話し合い学習法を取り入れた試み」『国際バカロレア教育研究』6，105-114. を加筆修正。

第10章　Y, Akatsuka. (2021). A Pedagogical Approach to Foster Critical Thinking Skills in Japanese EFL Learners: Focusing on the International Baccalaureate's Pedagogical Framework, *Educational Reform and International Baccalaureate in the Asia-Pacific* (Eds.; Coulson, D.G., Datta, S., & Davies, M.J.), IGI Global (pages: 414), pp.37-56. を加筆修正。

第11章　書き下ろし。

用語集 (50音順)

・**一条校**：学校教育法第一条に規定する学校を指す。本書では学校教育法第一条に規定する学校以外の各種学校（インターナショナルスクール等）と区別するために用いられている。

・**コア**：DPにおける必修の授業。Theory of Knowledge (TOK：知識の理論)，Extended Essay (EE：課題論文)，Creativity, Activity & Service (CAS：創造性・活動・奉仕) の3つが設置されている。本書では「コア」，「コア授業」，「コア科目」と記述している。

・**国際バカロレア** (International Baccalaureate)：ジュネーブ・インターナショナルスクールの教員らが，学内の子どもたちを対象として1962年に発案した教育プログラム。その後，英国教育省やオランダ政府，ドイツ政府，ユネスコ，銀行や企業からの支援を受け，1967年に汎用性のある「IBプログラム」として運用を開始した (Peterson, 1972)。

・**国際バカロレア (IB) 学習者像** (IB Learner Profile)：IBの使命を実現するための，学習者としてあるべき姿（表1）。なお「学習者」とは児童・生徒のみならず，スクールコミュニティ（教職員，保護者等）全体をさす。

表1．IB学習者像

探究する人	私たちは，好奇心を育み，探究し研究するスキルを身につけます。ひとりで学んだり，他の人々と共に学んだりします。熱意をもって学び，学ぶ喜びを生涯を通じてもち続けます。
知識のある人	私たちは，概念的な理解を深めて活用し，幅広い分野の知識を探究します。地域社会やグローバル社会における重要な課題や考えに取り組みます。
考える人	私たちは，複雑な問題を分析し，責任ある行動をとるために，批判的かつ創造的に考えるスキルを活用します。率先して理性的で倫理的な判断を下します。
コミュニケーションができる人	私たちは，複数の言語やさまざまな方法を用いて，自信をもって創造的に自分自身を表現します。他の人々や他の集団のものの見方に注意深く耳を傾け，効果的に協力し合います。
信念をもつ人	私たちは，誠実かつ正直に，公正な考えと強い正義感をもって行動します。そして，あらゆる人々がもつ尊厳と権利を尊重して行動します。私たちは，自分自身の行動とそれに伴う結果に責任をもちます。
心を開く人	私たちは，自己の文化と個人的な経験の真価を正しく受け止めると同時に，他の人々の価値観や伝統の真価もまた正しく受け止めます。多様な視点を求め，価値を見いだし，その経験を糧に成長しようと努めます。
思いやりのある人	私たちは，思いやりと共感，そして尊重の精神を示します。人の役に立ち，他の人々の生活や私たちを取り巻く世界を良くするために行動します。
挑戦する人	私たちは，不確実な事態に対し，熟慮と決断力をもって向き合います。ひとりで，または協力して新しい考えや方法を探究します。挑戦と変化と機知に富んだ方法で快活に取り組みます。

バランスのとれた人	私たちは，自分自身や他の人々の幸福にとって，私たちの生を構成する知性，身体，心のバランスをとることが大切だと理解しています。また，私たちが他の人々や，私たちが住むこの世界と相互に依存していることを認識しています。
振り返りができる人	私たちは，世界について，そして自分の考えや経験について，深く考察します。自分自身の学びと成長を促すため，自分の長所と短所を理解するよう努めます。

International Baccalaureate Organization (2014, 頁番号記載なし) より引用。

・**国際バカロレア機構** (International Baccalaureate Organization)：スイス・ジュネーブに本部を置く非営利団体 (NGO)。1978 年に国際バカロレア政府間常設会議 (Standing Conference of Governments, SCG) が設置され，各国政府が分担金を拠出している。SCG 代表を含むメンバーによる理事会 (Executive Committee) では，カリキュラムや資格試験のあり方，機構の運営・財政等について協議等を行っている。

・**国際バカロレア (IB) 候補校** (Candidate School)：候補申請書 (application for candidacy) の提出が受理された学校。

・**国際バカロレア・デュアルランゲージ・ディプロマプログラム (通称，日本語 DP)**：DP の授業・試験は，原則として英語，フランス語又はスペイン語で行う必要があるが，DP の一部の科目を日本語でも実施可能としている。

・**IB 認定校 (IB World School)**：国際バカロレア機構から認定された学校。1 つまたは複数の IB プログラムを提供することができる。本書では，「IB 認定校」，「IB 校」，「IB 実施校」と表現されている。

・**国際バカロレア (IB) の使命** (IB Mission Statement)：IB プログラムにおける核心的な教育理念。以下のように記述されている。「国際バカロレア (IB) は，多様な文化の理解と尊重の精神を通じて，より良い，より平和な世界を築くことに貢献する，探究心，知識，思いやりに富んだ若者の育成を目的としています」(International Baccalaureate Organization, 2014, p.3)

・**国際バカロレアプログラム** (International Baccalaureate Programme)：IB が提供する 4 つのプログラムには，表 2 に示す通りプライマリー・イヤーズ・プログラム (PYP)，ミドル・イヤーズ・プログラム (MYP)，ディプロマプログラム (DP)，キャリア関連プログラム (CP) がある。学校は 1 つまたは複数のプログラムを提供することができる。

表2. IB の 4 つのプログラム

プログラム名	設立年	対象年齢	日本の該当学年・対象
初等教育プログラム (PYP)	1997 年	3〜12 歳	幼稚園・保育園から小学 6 年生まで
中等教育プログラム (MYP)	1994 年	11〜16 歳	小学 6 年から高等学校 1 年生まで
ディプロマプログラム (DP)	1968 年	16〜19 歳	主に高等学校 2・3 年生
キャリア関連プログラム (CP)	2012 年	16〜19 歳	主に高等学校 2・3 年生

International Baccalaureate. (n.d.) を基に作成。

・**「指導のアプローチ (Approaches to teaching：ATT)」**と**「学習のアプローチ (Approaches to learning：ATL)」**：IB プログラムの質を保証するための学習・指導方法 (表3, 4)。全ての教科・科目で ATT と ATL に基づき指導を行うことになっている。

表3. 「指導の方法（ATT）」の構成要素

構成要素	内容
探究を基盤とした指導	児童生徒がそれぞれ独自に情報を入試し，独自の理解を構築することが重視されている。
概念理解に重点を置いた指導	各教科における理解を深め，児童生徒がつながりを見いだし，新しい文脈へと学びを転移されることを助けるために，概念の探究が行われている。
地域的な文脈とグローバルな文脈において展開される指導	指導には実際の文脈と例を用い，児童生徒は自分の経験や自分の周りの世界と関連づけて新しい情報を処理することが奨励される。
効果的なチームワークと協働を重視する指導	児童生徒間でのチームワークと協働を促すだけではなく，教師と生徒間の協働関係もこれに含む。
学習への障壁を取り除くデザイン	指導は包括的で，多様な価値を置く。児童生徒のアイデンティティを肯定し，すべての児童生徒が自身の適切な個人目標を設定し，それを追求するため，学習機会を創出することを目指す。
評価を取り入れた指導	評価は学習成果の測定だけなく，学習の支援においても重要な役割を果たす。効果的なフィードバックを児童生徒に提供するということも，重要な指導方法の1つとして認識される。

International Baccalaureate Organization（2017, p.8）より引用。

表4. 「学習の方法（ATL）」の構成要素

スキル	内容
thinking skills（思考力）	生徒の批判的思考や分析力，推論力の育成に加え，倫理感に基づいた意思決定ができるよう指導する。探究型の学習を行うために高次思考力レベルの学習活動を行う。
communication skills（コミュニケーション能力）	教師と生徒，あるいは生徒間でオープンエンド型の問いを核とした学習活動を行う。
social skills（ソーシャルスキル）	高次思考力レベルの学習活動の実現のため，グループによるプレゼンテーションやディスカッションを行い，グループで一つの結論を出すような学習活動を行う。
self-management skills（自己マネジメント力）	生徒のタイムマネジメント力と内発的動機を高める指導のため，形成的評価を通して学習者の到達度を把握し，個の応じた学習活動を行う。
research skills（リサーチ力）	課題解決に必要な複数の資料を収集し，それらを取捨選択したうえで分析・比較し，適切に利用する学習活動を行う。

International Baccalaureate Organization（2015）を基に作成。

・**DP生**：DP を履修している生徒

・**non-DP生**：DP を履修していない生徒全般を指す。

参考文献

International Baccalaureate Organization. (n. d.). Programmes. (http://www.ibo.org/en/programmes/)

International Baccalaureate Organization. (2014). 『DP：原則から実践へ』Cardiff, UK：International Baccalaureate Organization (UK) Ltd.

International Baccalaureate Organization (2015). 『学習の方法』. (https://ibpublishing.ibo.org/dpatln/apps/dpatl/guide.html?doc=d_0_dpatl_gui_1502_1_j&part=2&chapter=2)

International Baccalaureate. (2023). Glossary of terms. (https://www.ibo.org/become-an-ib-school/useful-resources/glossary-of-terms/)

Peterson, A. (1972). *International Baccalaureate*. George G. Harrap & Co. Ltd: London

(URL は 2023 年 12 月 10 日閲覧)

用語集

編著者紹介

川口 純（かわぐち・じゅん）
2012 年　早稲田大学大学院アジア太平洋研究科国際関係学専攻博士課程
　　　　修了
現　在　慶應義塾大学文学部教育学専攻准教授
主著・論文　『国際教育開発への挑戦—これからの教育・社会・理論—』
（編著）東信堂，2021 年，『教員政策と国際協力』（編著）明石書店，2018
年など。

赤塚 祐哉（あかつか・ゆうや）
2013 年　Australian Catholic University, MA in Educational Leadership
現　在　相模女子大学学芸学部専任講師
主著・論文　『国際バカロレアの英語授業—世界標準の英語教育とその実
践—』（単著）松柏社，2018 年，『国際バカロレア教育に学ぶ授業改善：
資質・能力を育む学習指導案のつくり方』（編著）北大路書房，2023 年など。

菅井 篤（すがい・あつし）
2017 年　横浜国立大学大学院教育学研究科修士課程修了，2021 年　東京
学芸大学大学院連合学校教育学研究科博士課程在籍
現　在　静岡福祉大学子ども学部助教
主著・論文　『研究者の子育て』（分担）日本の研究者出版，2020 年，「国
際バカロレア認定小学校における「チーム学校」を目指した教員研修—
LTD 話し合い学習法を取り入れた試み—」『国際バカロレア教育研究』
第 6 巻，105-114 頁，2022 年など。

国際バカロレア教育研究の最前線
——実践・研究から見えてきた現状と展望

2024年10月10日　第一版第一刷発行

	川口　　純
編著者	赤塚　祐哉
	菅井　　篤

発行者　田中　千津子

発行所　㈱学文社

〒153-0064　東京都目黒区下目黒 3 - 6 - 1
電話　03（3715）1501 ㈹
FAX 03（3715）2012
https://www.gakubunsha.com

© J. Kawaguchi, Y. Akatsuka, A. Sugai 2024
乱丁・落丁の場合は本社でお取替えします。
定価はカバーに表示。

Printed in Japan
印刷　新灯印刷㈱

ISBN978-4-7620-3382-7